ORBS
und andere Lichtphänomene

Ed Vos

ORBS

und andere Lichtphänomene

Multidimensionale Bewußtseinsformen

aus dem Niederländischen von Jost Nethe

1. Auflage 2010

Ed Vos
ORBS und andere Lichtphänomene

Übersetzung aus dem Niederländischen: Jost Nethe
Die holländische Originalausgabe erschien 2009 unter dem Titel:
»Orbs en andere lichtfenomenen« bei Ankh-Hermes bv – Deventer.

Titelseite:
Foto: Andreas Lentz
Gestaltung: Dragon Design, GB

Satz und Gestaltung:
Dragon Design, GB
Gesetzt aus der Photina

Gesamtherstellung: Fuldaer Verlagsanstalt GmbH, Fulda

Printed in Germany

ISBN 978-3-89060-551-7

NEUE ERDE GmbH
Cecilienstr. 29 · D-66111 Saarbrücken · Deutschland · Planet Erde
www.neue-erde.de

Inhalt

Vorwort

Seit meiner frühen Jugend interessiere ich mich für metaphysische Erscheinungen und außergewöhnliche Phänomene – für das Paranormale also, wie man das landläufig nennt. Der Geschichtsunterricht in der Schule fesselte mich nur bedingt. Ich interessierte mich vor allem für untergegangene Kulturen und Kontinente wie Atlantis oder Lemuria und für verschwundene Völker wie die Inkas und die Azteken.

Über eine bemerkenswerte Folge »unmöglicher Zufälle« lernte ich Nel de Boer kennen, die mir inzwischen eine sehr enge Freundin geworden ist. Sie zeigte mir erstmals Fotos von Lichtkugeln. Ich war damals bereits Berufsfotograf (und bin es bis heute) mit einer sehr soliden Ausbildung und versuchte zunächst die Lichtkugeln auf den Fotos mit meinem naturwissenschaftlichen Hintergrund sowie mit meinem fotografischen Fachwissen und Erfahrungsschatz zu erklären. Karriere, Familie und Einkommen sind Kriterien, anhand derer in dieser Gesellschaft ein Mann gemessen wird. Aus dem Gefühl heraus zu leben, ist da eher untergeordnet. Ich tat also mein bestes, um für diese Lichterscheinungen irgendeine faktische Erklärung zu finden. Für Nel war das gewiß sehr frustrierend! Sie war absolut begeistert von den Lichtkugeln und Lichterscheinungen, die sie fotografisch dokumentiert hatte, während ich immer nur versuchte, eine rationale Erklärung dafür zu finden.

Bei meiner Arbeit als Berufsfotograf war es immer eine besondere Herausforderung für mich, zu ergründen, warum sich bestimmte Dinge auf Fotos finden, die dort eigentlich nicht hingehören. Meistens fand ich die Ursachen auch. Doch nun mußte ich feststellen, daß die Erscheinungen auf diesen Fotos nicht technisch erklärbar waren. Zögernd blieb mir nichts anderes übrig, als zuzugeben, daß hier doch wohl sehr besondere Phänomene zu sehen waren.

Eines Tages fuhren wir gemeinsam zu Nels Wohnung, als wir in einem dunklen Wald eine Lichterscheinung sahen. Mit unseren eigenen Augen! Ich verminderte meine Geschwindigkeit und bog auf einen holprigen, stockfinsteren Waldweg ein, um zu schauen, ob sich da nicht doch in drei Metern Höhe über dem Waldweg etwas befand, was ich im Licht meiner Autoscheinwerfer hätte erkennen können. Da war aber nichts.

Am nächsten Morgen schaute ich mir die Stelle bei Tageslicht noch einmal genauer an. Nichts, aber auch gar nichts war zu finden, was dieses Lichtphänomen hätte erklären können.

Nel gelangen später immer mehr Lichtkugelaufnahmen, die ich wiederum mit allen Mitteln rational zu erklären versuchte. Es gelang mir nicht! Auch auf Fotos von mir tauchten plötzlich Lichtkugeln auf – und wenn ich mir auch alle Mühe gab, irgendeine »natürliche« Erklärung dafür zu finden, es gelang mir nicht!

Zu der Zeit gab es ein anderes Phänomen, welches mich faszinierte: die Kornkreise, mit denen ich mich intensiv beschäftigte. Kornkreise finde ich auch heute noch sehr spannend, doch sind mir inzwischen die Lichtkugeln viel wichtiger.

Aufgrund einer Eingebung habe ich eine Webseite eingerichtet (www.dutchlightorbs.nl). Anfangs waren darauf lediglich ein paar Fotos zu finden und niemand ahnte, am allerwenigsten ich, daß diese Seite einmal eine derartige Resonanz finden würde. Doch eins kam zum anderen. Ich kam in Kontakt mit unzähligen Lichtkugel-Fotografen, unter anderem durch meine Teilnahme an einem internationalen Forum am 4. Dezember 2000. Nachdem ich anfangs nur einfaches Mitglied dieser Gruppe war, bin ich inzwischen ihr Leiter (International Orb-Forum) und Moderator ihrer Webseite (http://groups.yahoo.com/group/universal-orbs2).

Durch meine Mitgliedschaft in dieser Gruppe ergaben sich mehr und mehr Kontakte. Kannte ich anfangs nur eine Handvoll Menschen, die Lichtkugeln fotografierten, sind es heute unzählige, die Tag für Tag manchmal Hunderte von E-Mails schicken. Lichtkugeln werden offensichtlich zunehmend zu einem Massenphänomen. Zu Anfang gab es in den Niederlanden vielleicht drei oder vier Menschen, die sich damit beschäftigten, inzwischen sind wir schon einige Hundert. Weltweit natürlich noch viel mehr.

Ich habe nicht ahnen können, welchen Einfluß meine Webseite auf andere und auch auf mich selbst haben würde, als ich sie damals aufgrund einer Eingebung einrichtete. Das vorliegende Buch ist ein Ergebnis all dieser Ereignisse.

Vielfach wird angenommen, daß das Phänomen der Lichtkugeln sich erst in den neunziger Jahren des vergangenen Jahrhunderts gezeigt habe. Dies ist aber ganz und gar nicht der Fall. Es kursieren unzählige Berichte über Irrlichter, Moorlichter, »whillo-the-whisps« (Waldlichter), Feuerwagen, weiße Frauen und ähnliche Erscheinungen. Häufig scheinen diese Wahrnehmungen durch mündliche Überlieferung in bestimmten Regionen, in unserem Land, aber auch weltweit eine Art Eigenleben zu führen. Oft sind sie auch in alten Sagen und Legenden aufgezeichnet. Doch auch gegenwärtig werden solche Erscheinungen wahrgenommen.

Abbildungen von Lichtkugeln, oder zumindest merkwürdigen Lichtphänomenen, gibt es auch schon seit Jahrhunderten. Ein Nürnberger Stich aus dem Jahr 1561 (Abb. 1A) zeigt beispielsweise einige unterschiedliche Formen am Himmel, die uns auch noch heute als Lichterscheinungnen begegnen. Neben Kugeln sieht man dort auch Stöcke oder Stäbe (im heutigen Fachjargon *rods* genannt) sowie

1A

1B

Kreuze, die auch heute immer wieder als leuchtende Formen auftauchen. Am rechten unteren Rand des Stiches ist ein Stab mit Kugeln darin zu erkennen. Auch dies eine Erscheinung, die wir heute wiederholt auf Fotos von Lichtphänomenen wiederfinden, wobei durch Beschleunigung oder Verlangsamung der Lichtkugeln ein lang gestrecktes Objekt erscheint, in dem die Lichtkugeln als Element eines Stocks oder einer Röhre (in der Lichtkugelwelt heute *tubes* genannt) sichtbar sind.

Ein weiterer Stich aus Basel aus dem Jahr 1566 (Abb. 1B) zeigt eine Anzahl kugeliger Objekte, welche die Menschen unten auf dem Bild offensichtlich fasziniert beobachten. Auf beiden Stichen sind Kirchen abgebildet. Ältere Kirchen wurden durchweg auf alten keltischen Kraftorten gebaut. Diese Kraftorte scheinen, wie wir heute wissen, eine starke Anziehungskraft auf Lichtkugeln auszuüben. Auf vielen, vielen Fotos, die wir aus aller Welt erhalten haben, sind viele und besondere Lichtkugeln in alten Kirchen zu sehen.

Wir dürfen allerdings nicht vergessen, daß die Religion im 16. Jahrhundert eine zentrale Position im Leben der Menschen einnahm.

Vielleicht sind schon allein aus diesem Grund Kirchen auf den genannten Stichen abgebildet. Daher möchte ich auch auf weitergehende Rückschlüsse diesbezüglich verzichten.

Pflaumentaucher

Unser texanischer Freund Rich schickte uns ein Foto (Abb. 2), welches im Jahre 1896 mit einer sogenannten *Camera obscura* aufgenommen wurde, einem frühen Fotoapparat ohne Linse. In ihrer einfachsten Form ist die Camera obscura ein schlichter Kasten mit einem kleinen Loch an der einen Schmalseite. An der anderen Schmalseite ohne Loch wird ein Film befestigt. Sie ist ein Vorläufer unserer heutigen Kameras.

2

Dieses Bild ist das älteste Foto-Dokument einer Lichtkugel. Als ich damals das Foto erhielt, überraschte es mich außerordentlich, daß das Entstehungsjahr des Fotos bekannt war. Einige Zeit später bekamen wir dann von unseren guten Freunden John und Jan aus Arkansas/ USA dasselbe Foto noch einmal. John und Jan sind sehr engagierte Lichtkugelfotografen, und wir stehen in intensivem Kontakt mit ihnen. Der Zufall wollte es, daß sie während des einzigen Vortrages, den sie jemals über Lichtkugeln gehalten haben, eine Frau trafen, die die Ur-Ur-Urenkelin des auf dem Foto abgebildeten Mannes war. Das Foto wurde im August 1896 in einem Pflaumengarten in Gilroy, Kalifornien, aufgenommen. Der Mann hält einen Korb in der Hand, der dazu diente, die gepflückten Pflaumen zum Blanchieren in ein kochend heißes Wasserbad zu tauchen. Die so behandelten Pflaumen wurden dann mit dem Wagen im Hintergrund abtransportiert und zum Trocknen in die Sonne gelegt.

Meine ersten eigenen Lichtkugeln

Meine Schwester heiratete 1975 nach Deutschland, wo sie noch heute lebt. Einige Jahre nach der Hochzeit fragte sie mich, ob ich die Negative der Hochzeitsfotos, die ich damals gemacht hatte, noch besäße, und wenn ja, ob ich sie ihr zuschicken könne. Die Negative per Post zu schicken, erschien mir zu riskant. Man stelle sich nur vor, sie wären dabei verlorengegangen! Ich schlug ihr vor, von den Negativen Abzüge zu machen, diese einzuscannen und auf CD gebrannt zu schicken. Die Original-Negative würde ich ihr bei unserem nächsten Treffen persönlich aushändigen.

Da die Negative zwischenzeitlich ein wenig verfärbt waren und zudem auf einem Film aufgenommen waren, der in modernen Entwicklungslabors gar nicht mehr verarbeitet werden kann, wollte ich meiner Schwester etwas Gutes tun und die Negative etwas bearbeiten. Daher sah ich mir natürlich jedes einzelne Bild sehr genau an und entdeckte, daß ich damals schon Lichtkugeln mitfotografiert hatte (Abb. 3 und 4). Weil ich aber damals noch nichts von der Existenz dieses Lichtphänomens wußte, hatte ich die Aufnahmen einfach als

3

mißlungen verworfen. Ich sollte wohl noch einmal alle meine alten Negative genau ansehen. Wer weiß, was ich da noch entdecke!

4

Wie ich das Phänomen entdeckte

So, wie es mit vielen Dingen geht, erkennt man erst, daß man es mit einem bestimmten Phänomen zu tun hat, wenn man sich dessen bewußt wird. Ich nahm schon immer die Energiefelder um Bäume herum wahr, ging aber ganz selbstverständlich davon aus, daß jeder dies sah; was aber gar nicht der Fall ist. Irgendwann machte mich jemand darauf aufmerksam, daß man ein Energiefeld rund um einen Strauch herum wahrnehmen könne, wenn man genau hinsähe. Ich begriff erst gar nicht, was er meinte. Einige Zeit später wurde mir klar, daß er auf die sich bewegenden *Sprenkel* abzielte, die man auch als Orgon-Energie, Prana, Chi und so weiter bezeichnet, Lebensenergie also. Für mich war das eine geläufige Tatsache. Ich sah diese Energien immer, war mir dessen aber nicht bewußt. Ich mußte erst darauf hingewiesen werden!

Heute sind mir diese Phänomene völlig klar. Die Informationen, die ich auf diese Weise empfangen darf, kann ich wiederum verwenden, um anderen Menschen oder Lebensformen dienlich zu sein.

So erging es mir auch, als ich 1997 die ersten Lichtkugel-Fotos von meiner Freundin Nel bekam. Es waren Fotos, die sie im Delphinarium Harderwijk und auf der Insel Ameland aufgenommen hatte.

5

Delphinarium Harderwijk

Wie ich oben schon beschrieben habe, war ich damals nicht einfach so bereit hinzunehmen, daß es sich bei den abgebildeten Lichterscheinungen um ein besonderes Phänomen handelte und versuchte, mit Hilfe meiner fotografischen Fachkenntnisse eine Erklärung für die Lichtkugeln auf dem Foto zu finden (Abb. 5). Trotz eifrigster Bemühungen gelang es mir nicht, eine logische Erklärung zu finden, so sehr ich es auch wollte. In meiner täglichen Arbeit war es für mich geradezu eine sportliche Herausforderung herauszufinden, wie irgendwelche ungewöhnlichen Erscheinungen auf Fotos meiner Kunden zustande gekommen waren, und zumeist gelang mir dies auch. In diesem Fall konnte ich keine Erklärung finden!

Bei einem Delphinarium denkt man natürlich zuerst an die Sprünge und Kunststückchen der Delphine, die mit scheinbar großem Vergnügen bei ihren Kapriolen die Leute in den ersten Reihen naßspritzen. Jeder, der einmal das Delphinarium in Harderwijk besucht hat, wird das wissen! Und dabei geht es nicht nur um ein paar Wassertropfen, die durch die Luft spritzen. Es geht um wahre Sintfluten! Meine erste Idee war natürlich, daß das kugelige Objekt auf dem Foto der Reflex eines versprengten Wassertropfens war. Doch passen hier einige Dinge nicht zusammen.

Ein verirrter Tropfen müßte sehr nah (ein paar Millimeter bis maximal zwei Zentimeter) vor dem Objektiv gewesen sein, um in dieser Größe auf dem Foto zu erscheinen. Infolge der Helligkeit des Blitzlichtes, die im Quadrat zum Abstand abnimmt, hätte die Kugel, vorausgesetzt sie wäre tatsächlich ein Wassertropfen, vollkommen schneeweiß sein müssen und nicht transparent blau. Ein Wassertropfen kann es also nicht gewesen sein.

Ein weiterer Beleg ist der angeschnittene Kopf der Person im Vordergrund, die viel weiter weg saß und doch sehr hell belichtet ist. Und ein Menschenkopf ist meiner Erfahrung nach sehr viel größer als ein Wassertropfen! Andererseits ist die in der Lichtkugel sichtbare Struktur eher untypisch für einen Wassertropfen. Und hätte es sich wirklich um einen Tropfen Flüssigkeit gehandelt, der dem Objektiv so nahe gewesen wäre, dann wäre das Detail niemals so scharf abgebildet

6

worden, sondern vollkommen unscharf. Ja, es wäre nicht einmal sichtbar gewesen, und erst recht nicht bei einer Aufnahme mit einer analogen Kamera mit fest eingestelltem Fokus wie der Kodak advantix
2000 auto mit F 5.6 25 mm Ektanar-Objektiv. Bei dieser Kamera ist
das Objektiv ohne Abschattung montiert, und daher konnte auch das
Blitzlicht nicht abgeschirmt werden. Mir fiel keine Erklärung ein,
konnte es aber nicht zugeben, da es meiner Ehre als Fotograf zuwider-
gelaufen wäre.

Ameland

Das zweite Foto, das mir gezeigt wurde, war auf Ameland entstanden
(Abb. 6). Der helle Punkt links ist übrigens der Mond. Zuerst dachte ich
gleich an nebeliges Wetter, doch das wurde sofort widerlegt. Das Foto
wurde nämlich im Hochsommer mit derselben APS (analoge Kamera)
aufgenommen, wie die Bilder aus Harderwijk. Dann dachte ich an eine
andere Möglichkeit: Luftfeuchtigkeit! Doch auch diese These griff
nicht. Auf Ameland kann die Luftfeuchtigkeit aufgrund der Insellage
natürlich leicht höher sein, als auf dem Festland, doch dann würde sie
sich nicht auf die linke Bildhälfte beschränken.

Wenn die Luft feucht ist, dann betrifft dies ein Areal von mindestens einigen Kilometern Fläche, wenn nicht noch mehr. Mein Erklärungsversuch scheiterte erneut! Wenn es sich außerdem nicht um Wassertropfen sondern um Feuchtigkeitspartikel gehandelt hätte, dann hätten sich diese sehr nah am Objektiv befunden und wären damit durch das Blitzlicht stark überbelichtet worden. Die Feuchtigkeitspartikel hätten auf dem Foto das Haus komplett verdeckt, weil sie selbst sehr hell gewesen wären. Dennoch konnte ich es nicht lassen, weiter nach »natürlichen« Erklärungen zu suchen. In den Jahrzehnten meiner Arbeit als Berufsfotograf war mir dies immer ein Ansporn gewesen. Doch ich scheiterte auf ganzer Linie! Ich fand schlicht und ergreifend keine plausible Erklärung für diese Phänomene auf den Fotos.

Noch verrückter wurde die Sache, als ich mit dem folgenden Foto konfrontiert wurde.

7

Um die Privatsphäre der abgebildeten Personen zu schützen, sind deren Gesichter geschwärzt. Der Ort der Aufnahme ist mir bekannt.

Auf den ersten Blick denkt man, dort sei im Moment der Aufnahme heftig geraucht worden. Mitnichten! Außerdem weiß ich, wie Rauch, sei es von Zigaretten, Zigarren oder Pfeifen aussieht: nämlich ganz anders!

Ich habe dieses Foto einem Hellseher gezeigt. Dieser sagte, die abgebildeten Baumenergien stünden in Verbindung mit einer nahegelegenen Viehweide. Und tatsächlich liegt der Ort der Aufnahme in einem sehr waldreichen Gebiet der Niederlande – nur knapp fünfzig Meter von einer großen Viehweide entfernt!

Haben Sie bemerkt, daß die Lichtkugeln Spuren ziehen, die sich auf die Blätter und die Äste des Baums beschränken? Diese Bahnen zeichnen die Form des Baums nach. Das Bild war für mich der Anlaß, sämtliche bisherigen Zweifel fahrenzulassen! Radiästhetische Untersuchungen erwiesen, daß die betreffende Viehweide, von der der Hellseher sprach, starke Energielinien aufweist, die direkt mit dem abgebildeten Baum in Verbindung stehen. Jeden Zweifel hinter mir lassend, gab ich mich geschlagen und wurde zum Botschafter der Lichtkugeln.

Im Sommer 1999 besuchte ich zusammen mit Nel das Kornkreis-Mekka Südengland. Wir logierten im »The Barge Inn«, einem Gasthaus mit einem angegliederten, einfach ausgestatteten Zeltplatz. Für uns war aber viel wichtiger, daß dieser Pub in Alton Barnes, Wiltshire, *der* Treffpunkt für internationale Kornkreisforscher war. Näher am »Feuer« konnten wir nicht sitzen! In diesen speziell für Kornkreisforscher eingerichteten Räumen machte Nel dieses Foto:

8

Es wurde dort nicht geraucht. Die nebelartigen Erscheinungen sind multidimensionalen Bewußtseinsformen zuzuschreiben, Energien, die auch häufig mit den Kornkreisphänomenen in Verbindung gebracht werden. Die zweite Person von links bin ich übrigens selbst. Ich spreche gerade mit dem »man in black«, wie wir ihn nannten, einem Motorradfahrer aus London, den wir tags zuvor bei einer Kornkreisformation in Stanton St. Bernhard getroffen hatten. Er wollte partout nicht in die Kreise hineingehen, aus Angst, sein Motorrad und sein Gepäck könnten gestohlen werden.

Er hatte sich zwei Tage zuvor aufgemacht, um Kornkreise am Wegesrand zu sehen. Ich wies ihn auf das »The Barge Inn« hin, und dort besuchte er uns einen Tag später. Er hatte die Nacht im Feld verbracht, um vielleicht beobachten zu können, wie ein Kornkreis entsteht. Auf seinem Rückweg nach London besuchte uns dieser »man in black« wieder in Stanton St. Bernhard. Er wußte offenbar, daß wir uns zusammen mit einigen Leuten dort aufhielten, um die Formation zu untersuchen. Und dieses Mal betrat er die Formation auch, um sich von uns zu verabschieden. Offensichtlich war die Angst um sein Motorrad und sein Gepäck von ihm gewichen.

Er war ein außergewöhnlicher Mann, und ebenso außergewöhnlich war unser Zusammentreffen. Obwohl ich schon länger, ohne es zu wissen, Lichtkugeln fotografiert hatte, ist das obige Foto für mich von besonderem Wert. Jedenfalls hat für mich ebenso wie für das »International Orbs-Forum« dieses Phänomen seit 1999 einen enormen Aufschwung erfahren. Diese Gruppe wurde am 11. September 1999 gegründet (genau zwei Jahre vor dem Twin-Tower-Drama in New York).

Multidimensionale Bewußtseinsformen

Eine Frage, die häufig gestellt wird ist: »Was sind Lichtkugeln denn eigentlich?« Die Frage liegt natürlich nahe. Wir möchten nun einmal immer von allem die Ursache und die Herkunft wissen. Tatsächlich ist diese Frage aber nicht so leicht zu beantworten, da sie schließlich ein Phänomen betrifft. Auch die Frage »Was sind Kornkreise?« ist nicht so leicht zu beantworten, auch wenn schon seit Jahrzehnten wissenschaftlich nach einer Antwort geforscht wird. Das typische Kennzeichen für ein Phänomen ist, daß es wissenschaftlich nicht erklärbar ist. Wenn es nämlich eine wissenschaftliche Erklärung dafür gäbe, hätten wir es nicht mehr mit einem Phänomen zu tun!

Für das Faktum, daß Lichtkugeln auf Fotos auftauchen oder mit bloßem Auge wahrgenommen werden, existiert keine eindeutige Erklärung. Es kursieren einige Theorien über die Entstehung der Lichtkugeln, die durchweg aus intuitiven Erlebnissen und Erfahrungen heraus entstanden. Eine häufig angeführte These ist die, das Lichtkugeln die Seelen Verstorbener seien. Ich selbst habe bislang keine eben Verstorbenen fotografiert, muß jedoch anerkennen, daß diese These durchaus zu den möglichen Erklärungsmodellen zählt.

Ich erinnere mich des Fotos eines gerade Verstorbenen, welches mir geschickt wurde, und auf dem deutlich eine Sechs aus Licht in einer Lichtkugelzu sehen war. Wenngleich mein Augenmerk nicht unbedingt auf Visionen, Symbolen und sonstigen Bildern gleich welcher Art liegt, fand ich das doch sehr bemerkenswert, und ich spürte instinktiv, daß dieses Phänomen etwas mit der verstorbenen Person zu tun hatte. Da ich den Absender dieses Fotos nicht kannte und der Mail-Kontakt der allererste mit ihm war, schrieb ich nur, daß man deutlich eine Sechs auf dem Foto erkennen könne, ohne näher drauf einzugehen. Die Sechs in dieser Lichtkugel könnte etwa auf sechs Tage, Wochen, Monate oder Jahre verweisen, auf ein Geburtsdatum, eine Jahreszahl oder ähnliches. Ich war allerdings überrascht, als ich erfuhr, daß es sich vermutlich um eine Person handelte, die sechs Jahre zuvor verstorben und am sechsten Tag des sechsten Monats geboren war, am 6. Juni also.

Immer wieder die Sechs! Mir war klar, daß mein Gefühl, daß dies eine Botschaft des Verstorbenen war, mich nicht getrogen hatte.

Es gibt einige Menschen, die vornehmlich auf Friedhöfen fotografieren und tatsächlich dort die schönsten Lichterscheinungen aufnehmen. Dies ist allerdings nur eine Facette des Phänomens.

Eine andere These ist, daß es sich bei den Lichtkugeln um Naturwesen handelt. Eine These, die ich selbst auch unterschreibe. Wir können dabei an Baumgeister, Wasserwesen, Erd-, Feuer- oder Luftwesen denken. In ihrer Gesamtheit können wir diese Wesen als *Devas* bezeichnen, wenngleich der Begriff Devas umfassender ist, als nur die Bezeichnung für Naturwesen. Auch Elfen, Kobolde, Heinzelmännchen und Ähnliches gehören zur Deva-Welt.

Lichtkugeln haben ihren Ursprung anscheinend in unterschiedlichen Quellen unterschiedlicher Dimensionen, die offensichtlich gleichzeitig nebeneinander existieren. Die Bezeichnung *Orbs* ist eine Sammelbezeichnung für unterschiedliche Lichtphänomene, die von der Form des ersten überhaupt dokumentierten Lichtphänomens herrührt, die sich als rundes, kugeliges Objekt manifestierte. Freunde von mir lösten den Begriff Orbs etwas anders auf: *other reality beings*, Wesen einer anderen Wirklichkeit. So gelesen ist der Begriff viel umfassender und gefällt mir daher viel besser. Meiner Erfahrung nach können Lichtkugeln zwischen unterschiedlichen Dimensionen »reisen«. Das erklärt übrigens auch, daß manche Lichtkugel halbiert erscheinen, eine abgeplattete oder noch andere Formen haben, als wir erwarten würden. Wir fotografieren dann offenbar nur den Teil des Phänomens, der sich in der Dimension befindet, die für unsere analogen oder digitalen Kameras sichtbar ist.

Haben Lichtkugeln Bewußtsein?

Auch hier gilt wieder, daß es keine wissenschaftlichen Beweise dafür gibt. Es ist allerdings auch nicht meine Absicht, hier einen wissenschaftlichen Beweis vorzustellen. Ein Phänomen läßt sich nun einmal nicht beweisen. Gäbe es nämlich einen Beweis dafür, wäre das Phänomen ja kein Phänomen mehr. Früher dachte die Wissenschaft auch, die Erde sei eine flache Scheibe. Eine Sicht, die auf den beschränkten Möglichkeiten der damaligen Zeit beruhte und die aufgegeben wurde, nachdem Columbus nach Amerika segelte und mit seinem Schiff ganz offensichtlich nicht über den Rand der Erde gekippt und ins Nichts gestürzt war.

Daß Lichtkugeln ein Bewußtsein haben, ist für den Menschen der Gegenwart, der mit allen möglichen technischen Errungenschaften, mit Computern und dergleichen ausgestattet ist und vor allem materialistisch denkt, nur schwer zu begreifen. Experimente haben aber gezeigt, daß Lichtkugeln tatsächlich eine gewisse Form von Bewußtsein besitzen und daß man mit ihnen kommunizieren kann.

Ich erinnere mich, daß ich seinerzeit mit einer Freundin, auch Lichtkugelfotografin, auf dem Landgut Kernhem Aufnahme machte. Sie wollte von mir wissen, in welcher Erscheinungsform wir die Lichtkugeln bitten sollten, sich zu manifestieren. Ohne zu zögern antwortete ich: »Karminrot«. Das Wort *karminrot* gehört nun wirklich nicht zu meinem alltäglichen Wortschatz, und ich wunderte mich, warum ich dieses Wort so spontan äußerte. Wir begannen also unsere Foto-Session und nahmen tatsächlich rote Lichtphänomene auf!

Daß die Antwort so plötzlich in mir aufgestiegen war, kann natürlich verschiedene Ursachen haben. Wurde sie mir eingegeben? Kam sie aus einer anderen Dimension? Waren es die Lichtmanifestationen, dir mir diese Antwort vorgaben, weil sie an diesem Tag, in diesem Moment, rot fotografiert werden wollten? Wie auch immer, es war ganz offenkundig eine Interaktion zustande gekommen.

Ich brachte einmal einem kleinen Mädchen das Fahrradfahren bei und lief neben ihm her, wobei ich den Sattel seines Rades festhielt, damit es nicht umfiel. Davon wurden ein paar Fotos geschossen, auf denen überdeutlich eine Lichtkugel zu sehen ist, die uns folgte.

Es wurden verschiedene Experimente gemacht, um tiefere Einsichten in das Phänomen zu erlangen. Ich selbst habe auch einmal an einem solchen Experiment teilgenommen, zusammen mit einem Mann, der in Florida wohnte. Ich bat dabei eine Lichtkugel, sich diesem Mann dort in Florida in einer bestimmten Farbe zu zeigen. Die fragliche Person wußte nichts von meiner Bitte an die Lichtkugel, sondern nur, daß wir zu einer abgesprochenen Zeit ein Experiment starten würden. Tatsächlich nahm die Lichtkugel die gewünschte Farbe an. Solche Versuche habe ich in der Folge mehrfach weltweit durchgeführt, auch mit großen Gruppen, und immer wieder waren die Ergebnisse sehr frappierend.

Es blieb allerdings die Frage im Raum stehen, ob es nicht meine Gedanken waren, die sich manifestiert hatten und auf den Fotos der anderen erschienen waren. Man kann dies nicht gänzlich ausschließen. Eine Tatsache ist aber, daß Lichtkugeln niemals auf Fotos aufgetaucht waren, die ich beruflich gemacht hatte – und ich bin inzwischen seit über vierzig Jahren Berufsfotograf. Das Phänomen versteht offenbar, daß »Flecken« beispielsweise auf Porträtfotos nicht erwünscht sind. Selbst als ich darum bat, ein Lichtphänomen möge doch bitte auf den Fotos auftauchen, erschienen sie nicht auf meinen professionellen Bildern. Nicht ein einziges Mal – bis heute nicht! Wenn ich mich allerdings privat und explizit zu dem Zweck aufmachte, Lichtphänomene zu fotografieren, dann ließen sie sich sehr wohl sehen. Vor allem dann, wenn ich sie mit allem Respekt darum bitte, sich fotografieren zu lassen.

Dimensionen

Wenn wir von Dimensionen sprechen, sollte natürlich zunächst erklärt werden, was Dimensionen sind und auf jeden Fall auch, wie ich sie erlebe. Man spricht häufig von der ersten, der zweiten, der dritten Dimension und so weiter. Manche arbeiten mit Modellen von sieben Dimensionen, andere mit Modellen von zwölf Dimensionen. Meiner Erfahrung nach sind die unterschiedlichen Dimensionen gar nicht so scharf voneinander abgrenzbar. Ein markantes Beispiel: Wenn ich mehrere Pakete Kaffee habe und eines davon ist leer, dann öffne ich ein neues Paket. Die Verpackung des leeren Paketes ist für mich Abfall. So ähnlich ist es auch mit Dimensionen, jedenfalls meiner Erfahrung nach.

Ein Modell mit mehreren Dimensionen, seien es nun sieben oder zwölf, impliziert, daß es ausgeprägte Grenzen zwischen den unterschiedlichen Dimensionen gibt. Ein Foto beispielsweise ist eine 2D-

(zweidimensionale) Abbildung. Wir können keine räumliche Tiefe darin erkennen. Ein Geschöpf einer 2D-Welt kann sich ausschließlich auf einer Fläche orientieren und wird keine Vorstellung davon haben, was sich über oder unter ihm abspielt. In einer 3D-Welt geht dies aber sehr wohl. Wir können uns schlechterdings nicht vorstellen, was in einer Dimension geschieht, zu der wir (noch) keinen Zugang haben.

Eine scharfe Abgrenzung der Dimensionen in Modellen wie »sieben Dimensionen« oder »zwölf Dimensionen« ist sprachlich durchaus notwendig, um das eine oder andere zu erklären. Das Vorstellungsvermögen von Menschen der Zeit, in der Columbus nach Amerika fuhr, war durch die Unterstellung begrenzt, daß die Erde eine flache Scheibe sei und man an den Rändern herunterfallen könne. Diese Vorstellung war ihnen aufgrund ihrer eingeschränkten Erkenntnisse über Erde und Weltall vorgegeben. Man erkannte einfach nicht, daß die Erde auch eine Kugelform haben könnte. Wir wissen es heute besser. Die Einteilung in sieben oder zwölf Dimensionen ist meiner Meinung nach ziemlich beschränkt. In der Abbildung 9 habe ich versucht darzustellen, wie wir uns derzeit die unterschiedlichen Dimensionen denken.

Siebente Dimension

Sechste Dimension

Fünfte Dimension

Vierte Dimension

Dritte Dimension

Zweite Dimension

Erste Dimension

9

Es handelt sich jeweils um scharf voneinander getrennte Zonen. Meiner Erfahrung nach müssen wir die horizontalen Linien zwischen den Dimensionen weglassen. Die Dimensionen gehen vielmehr fließend ineinander über, ohne klare Abgrenzungen voneinander. Das dargestellte

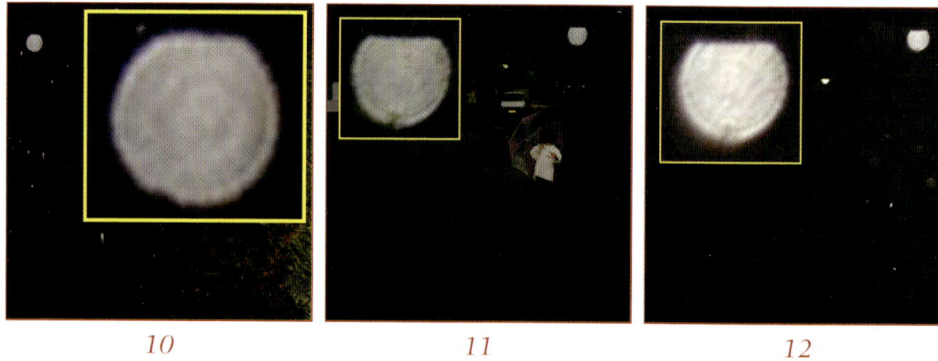

10   11   12

Schema ist sicher als Modell hilfreich, wenn wir über Dimensionen sprechen und uns darüber austauschen.

Häufig wird behauptet, wir befänden uns in der dritten Dimension, teilweise aber auch in der vierten und manche von uns in der fünften Dimension. Ich möchte hier keine Qualifikation der einzelnen Dimensionen vornehmen: Alle Dimensionen existieren gleichzeitig. Ich vergleiche die Sachlage gerne mit Radiowellen, von denen wir allüberall umgeben sind, die wir aber nicht sehen. Erst wenn man seinen Empfänger (Radio) auf eine bestimmte Frequenz (Sender) einstellt, kann man die entsprechenden Informationen aufnehmen und erst dann werden die Wellen wahrnehmbar.

Was Lichtkugeln angeht, haben wir es meiner Vorstellung nach mit Kugeln mit abgeflachten Kanten zu tun. Sie befinden sich demnach in einer Dimension (um das obenstehende Modell der Einfachheit halber zu benutzen), die sich nicht fotografisch festlegen läßt. Es ist sehr wahrscheinlich, daß sich Orbs in unterschiedlichen Dimensionen manifestieren können. Ein paar Beispiele zeigen die Abbildungen 10 bis 13.

Die Struktur der Kugeln selbst, die so typisch für klassische Lichtkugeln ist, könnte auch durch unterschiedliche Dimensionen verursacht sein. Neben einem relativ scharf abgegrenzten flachen »Anschnitt« der Kugelform, kommt es auch sehr häufig vor, daß Lichtkugeln in einzelnen Zonen mehr Licht zu haben scheinen als in anderen Zonen. Auf Abbildung 14 ist das gut zu sehen. Die oberste Lichtkugel scheint mehr

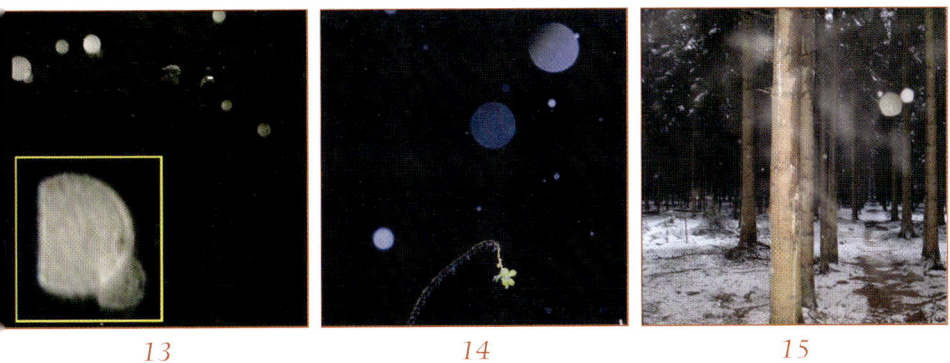

13   14   15

Licht von rechts oben zu erhalten, obwohl das Foto von einer (analogen) Kamera mit eingebautem Blitzlicht aufgenommen wurde. Die übrigen Lichtkugeln zeigen diese Erscheinung nicht.

Die mittlere Kugel hat eine klarere Struktur, was möglicherweise auf einen Übergang in eine andere Dimension hindeuten könnte. Es gibt nämlich eine Theorie, nach der sich Lichterscheinungen zu einer Kugelform verdichten, um sich dadurch leichter durch die Dimensionen bewegen zu können.

Die untere Kugel ist dann wieder viel heller. Skeptikern, die meinen, standhaft mit der Staubtheorie argumentieren zu müssen, zeigt dieses Foto viele Aspekte, die ihrer Sicht widersprechen. Die beiden oberen Kugeln haben ungefähr die gleichen Maße und sind ziemlich groß. Eventuell vorhandene Staubpartikel, Insekten oder Wassertropfen, die Skeptiker immer wieder ins Spiel bringen, müßten sich sehr nahe am Objektiv befinden, maximal wenige Millimeter davon entfernt, und müßten daher vollkommen weiß erscheinen, weil sie die volle Ladung des Blitzlichts abbekommen hätten. Die kleine Kugel ist viel heller und kompakter als die größeren, obwohl sie deutlich kleiner ist. Bemerkenswert ist auch die Tatsache, daß die vielen kleinen Kugeln im Hintergrund viel heller sind als die großen. Dies widerlegt die Staubtheorie.

Eine andere auffallende Erscheinung ist die Tatsache, daß Lichtkugeln sich in fünf- oder sechseckigen Mustern zeigen, ungeachtet, mit welcher Kamera sie aufgenommen wurden (Abb. 15 und 16). Aus

Gegenlichtsituationen heraus ist bekannt, daß die Form der Blende (Objektivöffnung) der Kamera eine bestimmte Form von Reflektionen wiedergeben kann. Wenn mit derselben Kamera sowohl fünf- und sechseckige als auch runde Formen sichtbar werden, läßt sich dies nicht mehr mit Objektiv-Reflektionen erklären. Solche Reflektionen treten nur bei Gegenlichtaufnahmen auf, bei Aufnahmen gegen die Sonne oder eine andere starke Lichtquelle beispielsweise, und erscheinen dann in der Form der Blende der Kamera. Die abgebildeten Formen entsprechen dann immer der Form der Blende und sind nicht mal fünf- und mal sechseckig. Die Form ändert sich nicht.

Abbildung 16 wurde mit einer Olympus C 4000 Z aufgenommen. Mit diesem Apparat wurden runde, sechseckige und fünfeckige Lichtkugeln fotografiert. Die Formen der Lichtkugeln sind offenbar nicht abhängig von der Kamera. Und die betreffenden Fotos wurden nicht im Gegenlicht aufgenommen. Wichtig zu wissen ist, daß ich selbst die unterschiedlichsten digitalen und analogen Kameras benutze, sowohl einfach ausgestattete als auch mit aufwendigen Zusatzausstattungen versehene.

Nachdem sich das Phänomen der Lichtkugeln zuerst bei Aufnahmen mit analogen Kameras zeigte, bin ich später aus Gründen der Kostenersparnis dazu übergegangen, überwiegend mit digitalen Kameras zu arbeiten. Den analogen Kameras habe ich allerdings nicht völlig abgeschworen, und ich mache nach wie vor auch mit Rollfilmkameras Fotos von Lichtkugeln; insbesondere dann, wenn besondere

 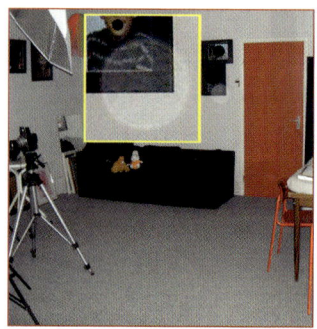

16   17

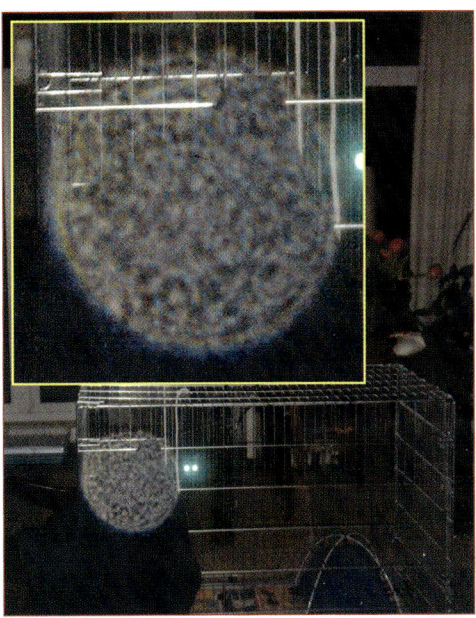

18

Projekte anstehen, wie etwa die Symposien im norddeutschen Hude, zwischen Oldenburg und Bremen gelegen. Hude ist ein beliebter Treffpunkt von Lichtkugelfotografen, die alljährlich im Reiherholz zusammenkommen, einem Wald, in dem immer wieder Aufnahmen von Lichtkugeln gelingen. Neben Fotografien habe ich dort auch mehrfach Tonaufnahmen machen können.

Ein hochinteressantes Foto mit einer Lichtkugel in beziehungsweise vor einem Käfig (Abb. 18) bekam ich von einem Bekannten zugeschickt. Im Vordergrund ist ein Stuhl sichtbar, über den ein Kleidungsstück gehängt wurde. Der Abstand zwischen Stuhl und Käfig betrug etwa eineinhalb Meter. Das Orb befindet sich augenscheinlich sowohl hinter den Gitterstäben des Käfigs als auch vor dem Kleidungsstück auf dem Stuhl. Ein sinnfälligerer Beweis für den multidimensionalen Charakter von Lichtkugeln kann man kaum erbringen; eindeutig in unserer Realität aufgenommen und doch ein überdeutliches Faktum, daß sich Lichtkugeln als geschlossene runde Form zeigen können, obwohl ein räumlicher Abstand von eineinhalb Metern zwischen Stuhl und Käfig besteht. Zudem ist auffällig, daß dieses Orb die »klassische Form« hat, wie ich sie nenne; eine Manifestation in der Form, in der sich Lichtkugeln das allererste Mal zeigten: rund und kugelig mit einem charakteristischen Ring darum herum und einer spezifischen Innenstruktur. Die beiden Lichtpunkte rechts neben dem Orb sind Reflexe des Blitzes in den Augen einer Katze; kein Phänomen also, sondern eine eindeutig erklärbare Erscheinung.

Daneben gibt es auch Orbs, die löchrig erscheinen oder aus denen Stücke »herausgebissen« zu sein scheinen. Das läßt sich möglicherweise darauf zurückführen, daß sich Teile dieser Orbs in anderen Dimensionen befinden. Es gibt aber auch eine mögliche andere Bedeutung. Warum erscheinen Orbs auf Fotos? Orbs denken offenbar mit. Wenn ich in meiner Freizeit losziehe, um Orbs zu fotografieren, erscheinen sie immer sofort auf den Fotos. In den Jahrzehnten meiner Arbeit als Berufsfotograf erschienen sie jedoch nie auf Bildern, die ich aus kommerziellen Gründen aufnahm. Weder auf aufwendigen Auftragsfotos, noch auf einfachen Paßfotos, niemals konnte ich Aufnahmen einer Lichtkugel während meiner professionellen Arbeit machen.

Heute mache ich Paßfotos in der Regel digital, und ich habe sehr häufig mittels Telepathie gebeten, daß sich Lichtkugeln auf diesen Fotos zeigen mögen. Immer ohne Erfolg. Ein digitales Foto ist schnell zu löschen und ebenso schnell neu zu machen. Doch auch dann erscheinen keine Lichtkugeln. Sie nehmen offensichtlich Rücksicht darauf, daß »Flecken« auf kommerziellen Fotos nicht wirklich erwünscht sind. Ich habe dann häufig während meiner Mittagspausen versucht, Lichtkugeln zu fotografieren. Nur ein einziges Mal hatte ich dabei Erfolg. Ich saß während der Pause in meinem Studio und habe, nachdem ich es mir intensiv gewünscht hatte, tatsächlich eine Lichtkugel auf ein Foto bannen können (Abb. 17). Für mich ein deutliches Zeichen, daß Orbs ein Bewußtsein haben. Man kann mit ihnen kommunizieren, und sie scheinen zu wissen, daß sie nicht auf kommerziellen Fotos auftauchen sollten, selbst dann nicht, wenn ich sie ausdrücklich darum gebeten hatte. Sie haben also nicht nur ein auf telepathische Botschaften reagierendes Bewußtsein sondern auch ein autonomes Bewußtsein.

Kommunikation mit Lichtkugeln

Es ist ein befremdlicher Gedanke, daß man mit etwas so Unbegreifbarem wie einer Lichtkugel kommunizieren kann. Und doch ist offenbar dergleichen möglich. Lichtkugeln haben unbestreitbar eine Form von Bewußtsein, so daß wir mit ihnen auf telepathische Weise in Kontakt treten können. Das Phänomen gesteht uns dies zweifelsohne zu. Aus vielen Berichten, die ich aus aller Welt erhalten habe, ergibt sich immer wieder, daß Lichtkugeln auf Situationen reagieren und sich manifestieren, wenn man sie explizit darum bittet. Augenscheinlich haben sie eine Vorliebe für angenehme Situationen, Situationen, in denen Menschen Spaß haben, etwa bei Festen, aber auch bei Theateraufführungen oder Konzerten. Am liebsten mögen sie offenbar Kinder und Tiere. Lichtkugeln lassen sich in solchen Situationen sehr leicht fotografieren, beziehungsweise zeigen sich in solchen Situation gerne.

Eine bekannte Tatsache ist, daß Lichtkugeln sich zeigen, ungeachtet der Dimension, aus der sie gerade kommen, wenn man sie freundlich darum bittet. Sie lassen sich dazu nicht zwingen. Vielmehr bedarf es eines Austausches liebevoller Energien zwischen der Lichtkugel und der Person, die sie aufnehmen will. Schöne Beispiele sind Fotos von Devas, die um ihr Erscheinen gebeten wurden (Abb. 19 und 20).

Zunächst fragt man sich, ob es denn möglich ist, mit Devas, über welche Energieform auch immer, in Kontakt zu treten. Da es immer wieder gelingt, ist die Antwort ein eindeutiges Ja. Daraus kann man nur den Schluß ziehen, daß es möglich ist, mit ihnen zu kommunizieren, wenn man sich den umgebenden Energien öffnet. Dies gilt sicher auch auf anderen Gebieten, aber ich will mich hier auf das Phänomen der Lichtkugeln beschränken.

Wir sind offensichtlich in der Lage, mehr Dinge in unserem Bewußtsein zuzulassen, als manche von uns das für möglich halten. Die Abbildungen 19 und 20 wurden von einer Freundin gemacht, die eine sehr talentierte Lichtkugelfotografin, aber auch auf anderen esoterischen Gebieten bewandert ist. Sie nahm die Bilder auf, nachdem sie sich mit den Devas in Verbindung gesetzt und sie gebeten hatte, zu erscheinen.

19   20   21

Nach wenigen Minuten zeigten sie sich dann wirklich. Das Bitten um ihr Erscheinen sollte natürlich immer sehr respektvoll dieser Bewußtseinsform gegenüber erfolgen.

Es wären viele Beispiele von diesbezüglichen Experimenten zu nennen, die ich mit dieser Freundin zusammen sehr häufig gemacht habe. Entfernungen scheinen hierbei keine Rolle zu spielen. Einige solcher Versuche haben wir im »International Orbs-Forum« durchgeführt. Ich erinnere mich an ein Experiment, welches wir mit Wendy aus Florida ausgeführt haben. Ich bat in den Niederlanden, Lichtkugeln in einer bestimmten Farbe zu erscheinen, und schickte diesen Gedanken los. Unmittelbar änderten die Lichtkugeln bei Wendy in Florida ihre Farbe. Angesichts der unterschiedlichen Zeitzonen, in denen wir uns befinden, fragten wir uns, ob dieses Phänomen denn tatsächlich auch zeitgleich aufgetreten sei. Da Raum und Zeit für solche Wesen keine Rolle spielen, sprachen wir einen Zeitpunkt ab, bei dem wir die Zeitverschiebung berücksichtigten. Ähnliche Experimente haben wir später mit größeren Gruppen von Teilnehmern gemacht und dabei stellte sich heraus, daß Zeit tatsächlich nicht von Belang ist.

Bei anderen Versuchen mit vielen Teilnehmern bat ich die Lichtkugeln, in einer bestimmten Farbe zu erscheinen (grün), weihte die Teilnehmer aber nicht ein, um was ich die Lichtkugeln gebeten hatte. Es sollte ein sauberes Experiment sein, bei dem die anderen Teilnehmer nicht wissen sollten, ob ich um eine bestimmte Farbe, Form, Transparenz oder was auch immer beim Lichtphänomen gebeten hatte. Und viele Teilnehmer nahmen tatsächlich grüne Lichtkugeln wahr. Grüne Lichtkugeln waren bislang nur sehr selten aufgetaucht.

Janice

Ein sehr spannendes Experiment machte meine Freundin Nel: Janice in Florida, auch eine begeisterte Lichtkugelfotografin, hatte noch nie Ectos (nebelartige Lichterscheinungen; siehe weiter unten) fotografiert. Damals stand ein runder Geburtstag an, und Janice wünschte sich so sehr, ein paar Ecto-Fotos zu bekommen. Wir versprachen, ihren Wunsch zu erfüllen, und gestalteten ein großes Transparent mit Geburtstagsgrüßen für sie. Nel war ganz sicher, daß es ihr gelänge, die gewünschten Lichtphänomene auf Fotos zu bannen. Ich war mir da nicht so sicher. Und tatsächlich entstanden etliche Fotos, auf denen diese Phänomene zu sehen waren (Abb. 21). Wir schickten Janice die Bilder zum Geburtstag über das »International Orbs-Forum«, dessen Mitglied sie damals war.

Dieses Beispiel beweist wiederum, daß es möglich ist, mit Lichtphänomenen zu kommunizieren und daß sie auf entsprechende Bitte hin auch erscheinen. Es war zwar eigentlich das Ziel, daß Janice die Phänomene selbst fotografieren sollte. Aber auf jeden Fall hat sie einige Fotos von Ectos von uns bekommen.

Es ist auch möglich, Lichtkugeln zu bitten, explizit nicht auf Fotos zu erscheinen. So wie jeder Lichtkugelfotograf mit Staub, Wassertropfen und so weiter experimentiert, machte ich einmal einen Versuch, bei dem ich mit einem Zerstäuber einen Wassernebel direkt vor dem Kameraobjektiv produzierte. Und tatsächlich hatte sich da auch Lichtkugeln eingeschlichen. Wie war das möglich?

Ich war schließlich davon überzeugt, daß die Reflexion von Blitzlicht auf Wassertropfen wesentlich anders aussieht als das Lichtphänomen. Dann wurde mir klar, daß ich die Lichtkugeln nicht gebeten hatte, wegzubleiben, und sie fanden es offenbar spannend, zu schauen, was ich da gerade machte. Als mir dies bewußt geworden war und ich das ganze noch einmal machte, zuvor aber die Lichtkugeln gebeten hatte, nicht zu erscheinen, entsprach das Resultat meinen Erwartungen, nun ohne Lichtkugeln. Eine schöne Bestätigung, daß man mit Lichtkugeln kommunizieren kann.

Bemerkenswert ist auch, daß sich Lichtkugeln zunächst nur als runde Kugeln (engl.: *orbs*) zeigten und sich nur im Freien fotografieren ließen. Diese Erfahrung bestätigen die Mitglieder der internationalen Gruppe, deren Mitglied ich bin. Im Laufe der Jahre änderte sich das allerdings. Zunehmend konnten Lichtkugeln auch in geschlossenen Räumen aufgenommen werden.

Ebenso auffällig ist, daß, international betrachtet, zu einer bestimmten Zeit ausschließlich blaue Lichtkugeln oder von der runden Form abweichende Formen auftauchten, *shooters* beispielsweise (das sind augenscheinlich vorbeischießende Lichtphänomene), kristallartige Kugeln, Kugeln mit Löchern und so weiter. Dies alles, ohne daß jemand um solche Erscheinungsformen gebeten hatte. Scheinbar wollte sich das Phänomen selbst weltweit auf eine andere Weise zeigen, womöglich um zu demonstrieren, daß Lichtkugeln auch untereinander kommunizieren und untereinander in Verbindung stehen.

Gute Freunde von mir, Mitglieder des »International Orbs-Forums« der ersten Stunde, nennen Orbs auch *other reality beings* (Wesen einer anderen Realität). Diese Bezeichnung finde ich geradezu genial, da sie vollkommen mit meinem eigenen Erleben des Phänomens übereinstimmt: multidimensionale Bewußtseinsformen. Es ist mehr als deutlich, daß eine Interaktion zwischen den unterschiedlichen Bewußtseinsformen existiert; in diesem Fall eine Interaktion zwischen dem menschlichen Bewußtsein und dem der Lichtkugeln.

Lichtkugeln, ein sich ausbreitendes Phänomen

Zur Zeit meiner ersten bewußten Erlebnisse mit Lichtkugeln hatte ich nur mit drei bis vier Menschen in den Niederlanden diesbezüglichen Kontakt. Inzwischen sind es einige Hundert Menschen allein in den Niederlanden, die sich mit dem Phänomen befassen. Eine ähnliche Tendenz läßt sich weltweit feststellen. Das »International Orb-Forum«, ehedem von meinen Freunden John und Jan als ein kleiner Club mit nur ein paar Mitgliedern gegründet, wuchs sehr schnell an und zählt heute Hunderte Mitglieder weltweit; ein Freundeskreis, der sich nicht scheut, zahllose Experimente der unterschiedlichsten Art auszuführen und die Ergebnisse untereinander auszutauschen. Das Phänomen der Lichtkugeln gibt es schon seit Jahrhunderten, es hat sich aber seit den neunziger Jahren des vergangenen Jahrhunderts bis heute geradezu explosionsartig entwickelt.

Nicht nur, daß immer mehr Menschen mit analogen, vor allem aber mit digitalen Kameras Fotos von Lichtkugeln aufnehmen. Ich kann nicht oft genug betonen, daß sich das Phänomen zunächst vor allem auf analog gemachten Aufnahmen zeigte. Durch die Möglichkeiten der digitalen Fotografie entstehen nun einfach mehr Fotos, weil diese Technik schlicht billiger und die Aufnahmekapazität nicht durch die begrenzte Bildanzahl auf einem Rollfilm eingeschränkt ist. Auch die Lichtkugeln selbst zeigen eine deutliche Entwicklung hinsichtlich ihrer Farbigkeit, ihrer Formen und so weiter.

Der Begriff *Orb*, oder *Lichtkugel*, kommt vom lateinischen Wort *orbis*, was soviel bedeutet wie *rundliches Objekt*. Die englische Bezeichnung Orb ist ebenso wie die deutsche Bezeichnung Lichtkugel nicht ganz korrekt, da das Phänomen auch nicht-runde Formen kennt. Die Bezeichnung wird als Oberbegriff für dieses multidimensionale Phänomen und als Sammelbegriff für Lichtphänomene unterschiedlicher Art verwendet. Ähnlich verhält es sich mit dem Begriff Kornkreis, die nicht nur in Getreidefeldern vorkommen, sondern auch in Maisfeldern oder sogar in Wäldern (wie vor vielen Jahren in Rußland), im Sand oder sogar im Wasser. Das typische an Phänomenen ist natürlich, daß es dafür (noch) keine wissenschaftliche Erklärung gibt und wir uns für irgendeine Bezeichnung entscheiden müssen, die das Phänomen für jedermann klar erkenntlich beschreibt. So ist die Bezeichnung Orb oder Lichtkugel als übergreifende Bezeichnung für viele Lichtmanifestationen entstanden.

Die klassische Lichtkugel

Wie ich schon beschrieben habe, war es für mich als Berufsfotograf eine Herausforderung, das Phänomen der Lichtkugeln auf Basis meiner Fachkenntnis zu erklären, was mir aber nicht gelang. Die Lichtkugeln forderten mich heraus, nach anderen Lösungen zu suchen, denn ich mußte und wollte eine Erklärung dafür finden. Natürlich dachte ich zunächst, wie so viele, mein Heil in der Staubtheorie zu finden. Beim Fotografieren mit Blitzlicht leuchten in der Luft befindliche Staubpartikel natürlich auch hell auf. Mir schien diese Sicht aber etwas zu simpel. Denn dann hätten die Erscheinungen ja auf wesentlich mehr Fotos und vor allem auch auf meinen professionellen Fotos auftauchen müssen.

Was für Staub gilt, gilt in noch größerem Maße für Wassertropfen, etwas mit dem Skeptiker auch schnell bei der Hand sind. Für Regentropfen gilt, daß Form und Größe mehr oder minder gleich sind. Regentropfen sind, einfach gesagt, Wasser aus einer Wolke, das sich zu Tropfen verdichtet. Die Größe der Tropfen, die Geschwindigkeit, mit der sie herabfallen, ihre Dichte und weitere derartige naturwissenschaftliche Belege spielen bei der Regentropfenthese eine Rolle. Aspekte wie Luftfeuchtigkeit, Temperatur, Fallbeschleunigung, Luftwiderstand und dergleichen müssen dabei berücksichtigt werden.

Als ich mich mehr in das Thema Orbs vertiefte, merkte ich schnell, daß viele Dinge auch mit meinem Fachwissen nicht erklärbar waren. Eine große Lichtkugel müßte dem Objektiv immer näher gewesen sein, als eine kleine (wenn ich mit der Staub- oder Regentropfentheorie argumentieren würde). Doch das war nicht der Fall. Die großen Lichtkugeln waren transparent oder luzide, die kleinen sehr weiß. Und das nicht nur bei Regen, sondern auch an herrlichen Sommer- oder Wintertagen ohne jede Form von Niederschlag.

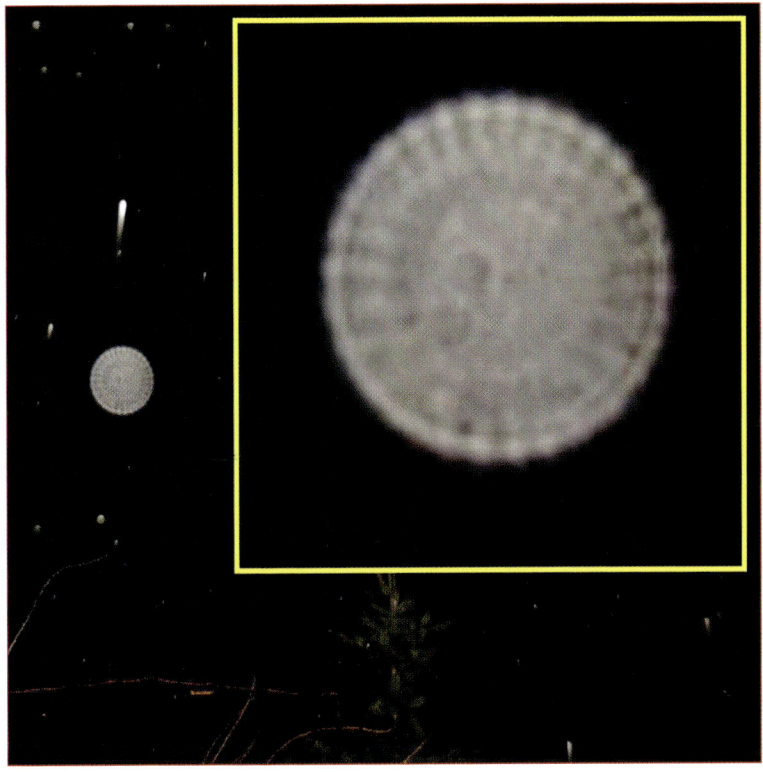

22

Wie auch immer: Das Phänomen fand weltweit seinen Anfang mit der runden Form, die ausschließlich unter freiem Himmel fotografiert wurde. Diese runden Lichtkugeln weisen einige signifikante Eigenschaften auf. Abgesehen davon, daß sie rund sind oder mehr oder weniger vieleckig, wie sie sich später mit derselben Kamera festhalten ließen, folgt das Grundprinzip der klassischen Lichtkugel immer demselben Muster. Rund um das Orb findet sich durchweg ein leichter Ring (als Teil der Lichtkugel), und innen ist vielfach eine bestimmte Struktur erkennbar. Das Muster kann unterschiedlich ausfallen, ist jedoch ein typisches Kennzeichen für eine echte Lichtkugel. Es kann sich aus konzentrischen Kreisen zusammensetzen oder aus Linien, die parallel oder radial verlaufen (wie etwa in der Abb. 22).

Nebelige Orbs

In einem späteren Stadium zeigten sich immer mehr nebelartige Erscheinungen des Lichtphänomens. Der Einfachheit halber wird diese Form der Lichtkugeln als *Ecto* bezeichnet, ein Wort, das sich von *Ectoplasma* ableitet. Ectoplasma ist ein definierter Begriff der Naturwissenschaft, was in der Diskussion um Lichtkugeln durchaus zu Verwirrung führen kann. Ein besseres Wort für derartige Lichterscheinungen ist aber noch nicht gefunden worden, so daß auch ich sie hier Ectos oder Nebel nenne.

Es gibt Anzeichen dafür, daß sich Lichtkugeln in Ectos umformen können und umgekehrt. Die Ursache dafür könnte sein, daß ein Ecto sich als Lichtkugel schneller und einfacher, auch zwischen den Dimensionen, bewegen kann, um sich dann wieder als Ecto sichtbar zu machen. Beachtenswert ist, daß es besondere Orte sind, an denen sich

23

24

Lichtkugeln als Ecto manifestieren. So gab es auf dem Landgut Kernhem in der Veluwe [1] zwei Bäume (leider wurden sie inzwischen
gefällt), bei denen häufig Ectos fotografiert wurden (Abb. 23 und 24).

Die Bäume schienen miteinander zu kommunizieren. In ihren Kronen
waren permanent entweder ein Ecto oder eine Lichtkugel wahrnehmbar.
Hieraus wird ersichtlich, daß Lichtphänomene eine Vorliebe für besondere Orte haben. Im Fall der Bäume gehe ich davon aus, daß es sich
dabei um die Geister dieser beiden Bäume handelte, die sich uns sichtbar machten. Es bleibt aber ein Rätsel, warum gerade diese beiden Bäume
permanent dieses nebelartige Lichtphänomen zeigten. Bemerkenswert
ist es auf jeden Fall. Viele Hundert Fotos wurden davon geschossen.
Solche Ectos sind auch bei anderen Bäumen und auch an Orten ohne
jeglichen Baumbestand aufgetaucht, doch es ist bemerkenswert, daß
sich ausgerechnet an diese beiden Bäume über viele Jahre hinweg eine
unglaubliche Menge solcher Erscheinungen festhalten ließen. Sie standen in der Nähe der Wohnung von Nel, meiner Freundin, die auf dem
Gut wohnte, das über viele Jahre hinweg ein Ausgangspunkt für viele
Lichtkugel-Fotosessions war. Entlang des Weges, an dem diese beiden
Bäume standen, befanden sich weitere Bäume der gleichen Art. Doch
nur diese beiden zeigten eine signifikant höhere Anzahl der Lichtphänomene.

Ich erinnere mich, daß ich Anfang Dezember 2002 eine Reihe von analogen Fotos von Gegenständen gemacht hatte, die nichts mit dem Phänomen zu tun hatten, und ich noch ein paar Bilder auf dem Film übrig hatte. Ich verschoß diese letzten Bilder und machte Aufnahmen der beiden Bäume. Ich machte die Fotos bei Tageslicht mit einer Spiegelreflexkamera und der Helligkeit wegen ohne Blitzlicht. Beim Entwickeln der Bilder sah ich die glasklaren Abbildungen von Lichtkugeln darauf. Lichtkugeln lassen sich in der Regel mit Blitz leichter fotografieren als ohne, aber auch hier bewies wieder die Ausnahme die Regel. Leider sind die betreffenden Fotos verlorengegangen.

Häufig bekomme ich abstruse Geschichten von Menschen zu hören, die alles Mögliche in Lichtkugeln sehen, namentlich die Seelen verstorbener Verwandter oder Freunde, oder die von Hund, Katze und anderen toten Haustieren. Ich achte zumeist kaum auf diese Dinge, sondern versuche herauszufinden, welche Information wirklich hinter so einer Geschichte steht. Vielfach ist es einfach so, daß Menschen mehr in Fotos hineininterpretieren, als wirklich darauf zu sehen ist.

Dennoch möchte ich hier ein Foto zeigen, auf dem der Kopf einer Katze zu sehen ist. Die Aufnahme zeigt einen Platz, an dem eine Weile zuvor eine Katze verstorben war. Die Ecto-Erscheinung läßt nicht das Bild einer Katze sehen, wie ich sie kenne, sondern ist unbestreitbar die Manifestation einer Katze (Abb. 25).

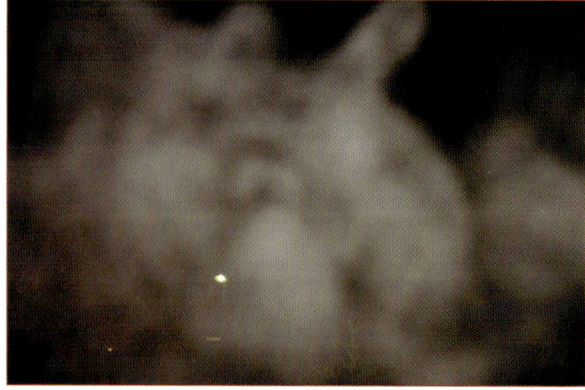

25

Wenn es um das Fotografieren von Ectos geht, muß man natürlich dafür sorgen, daß dort nicht geraucht wird. Der Fotograf darf nicht rauchen, aber auch niemand in seiner Umgebung. Vor allem im Winter muß man auch dafür sorgen, daß während der Aufnahme alle Anwesenden den Atem anhalten. Wir wissen schließlich alle, daß unser Atem bei Kälte weiße Wölkchen bildet. Wenn wir sie auch nicht sehen, so sollten wir doch beachten, daß feuchte Luft bei Gebrauch eines Blitzlichtes auch sehr schöne »Ectos« produzieren kann.

Deren Charakter unterscheidet sich allerdings grundsätzlich von dem des Lichtphänomens Ecto. Wer auch nur ein Fünkchen von der Lichtkugelfotografie versteht, hält also beim Fotografieren immer den Atem an. Das Phänomen erscheint nicht nur auf mit Blitzlicht gemachten Fotos, läßt sich unter Einsatz eines Blitzlichtes aber am besten festhalten. Eine allgemein akzeptierte Theorie besagt, daß die Lichtkugeln die Energie des Blitzes aufnehmen. Eine Theorie, die ich durchaus unterstütze. Andererseits will ich darauf hinweisen, daß Lichtkugeln von manchen Menschen auch mit bloßen Augen gesehen werden, was ich aus eigener Erfahrung bestätigen kann. Mehr noch: Mein erster

26

27

bewußter Kontakt mit einer Lichtkugel verlief so, als optische Wahr-
nehmung mit bloßem Auge.

Einige Jahre danach, es muß 2003 oder 2004 gewesen sein, fuhr
ich am hellichten Tag von der Arbeit nach Hause. Es geschah auf der
N 201 von Woerden nach Wilnis in der Provinz Utrecht. Ich sah eine
orange-gelbe Lichtkugel auf mich zukommen, und unwillkürlich
duckte ich mich hinter dem Steuer. Ein Reflex der keinen Sinn macht,
weil Lichtkugeln nie jemanden in Gefahr bringen würden. Ich habe sie
allerdings gebeten, nicht mehr auf diese Weise zu erscheinen, weil jede
Ablenkung beim Autofahren gefährlich und unerwünscht sei. Ich sehe
die Lichtkugel heute auch noch immer wieder vom Auto aus, aber sie
bleibt jetzt auf Abstand. Das bestätigt mich auch in der Annahme, daß
Lichtkugeln an sie herangetragene Bitten beachten und respektieren;
wieder ein »Beweis«, daß man mit Lichtkugeln kommunizieren kann.

Denkwürdig ist, daß die meisten bei Tageslicht und ohne Blitz auf-
genommenen Lichtkugeln wieder auf dem Landgut Kernhem fotografiert wurden (Abb. 26 und 27). An sich ist das aber nicht weiter verwunderlich, weil dort nun einmal die meisten Lichtkugel-Fotosessions
stattgefunden haben.

Shooters

Mit dem englischen Wort *shooters* werden wegschießende Lichtkugeln bezeichnet. Ein Phänomen, das sich als Lichtkugel mit einem langen Schweif zeigt, meistens auch noch in besonderen Farben (Abb. 28 und 29). Vielfach fotografieren mehrere Lichtkugelfotografen offenbar eine Lichterscheinung mehr oder minder gleichzeitig, was man an Form, Farbe und anderen Spezifika festmachen kann. In einer Phase waren alle weltweit fotografierten Lichtkugeln blau. Bei Shooters finden wir dasselbe. Auch sie tauchten plötzlich weltweit auf Fotos auf.

Neben schneeweißen Shooters gibt es manchmal welche in besonders schönen Farben. Einige Male konnte ich sogar Shooters in den Farben der niederländischen Flagge rot-weiß-blau fotografieren, wobei die Farben scharf voneinander abgegrenzt waren, ohne fließende Übergänge. Scheinbar verfügt dieses Phänomen über eine gehörige Portion Humor.

Ein befreundeter Lichtkugelfotograf gab einmal zu, eine gewisse Sympathie für die Idee der Shooters zu empfinden, er sei aber noch nicht wirklich überzeugt davon. Eine normale Reaktion, denn man sollte Phänomenen gegenüber immer kritisch sein und eventuelle wissenschaftliche Erklärungen nicht von vorneherein ausklammern. Das jedenfalls ist mein Standpunkt.

Die Shooters waren ja auch eine neue Entwicklungsstufe des Phänomens. Wahrscheinlich waren wir nicht die ersten, aber sicher unter den ersten, die Shooters fotografieren konnten. Der oben genannte Lichtkugelfotograf meinte, er sei erst dann überzeugt, wenn es uns gelänge,

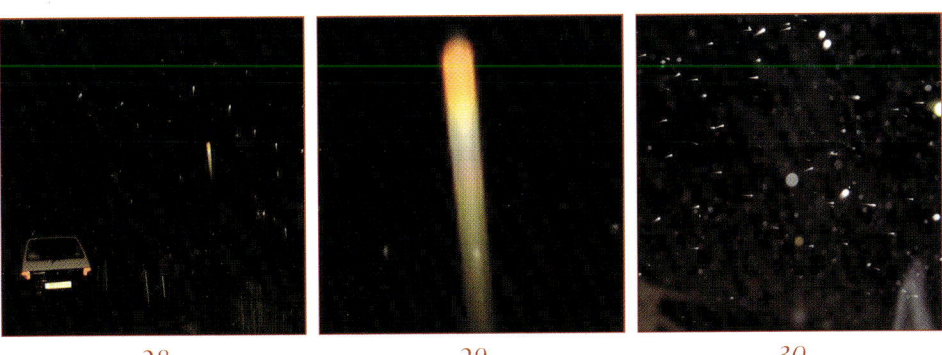

28　　　　　*29*　　　　　*30*

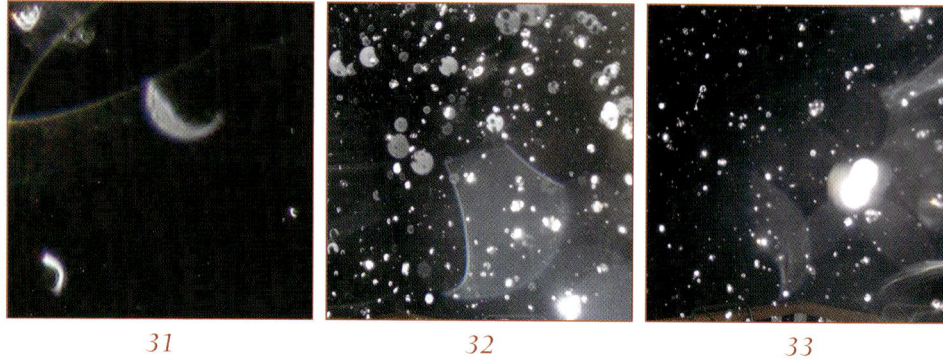

31   32   33

horizontale Shooter aufs Fotopapier zu bannen. Binnen weniger Tage hatten wir horizontale Shooter fotografiert, ohne daß wir bewußt darum gebeten hatten. Offensichtlich brauchten wir Orbs nicht einmal explizit zu bitten, sich auf unseren Fotos zu manifestieren. Schon ein bloßes Denken daran reicht aus. Die Lichtkugeln nehmen dies auf und geben uns Antworten auf die Fragen, die wir noch gar nicht gestellt haben (Abb. 30).

Diese Bilder sind Teile einer Fotoserie, die direkt hintereinander aufgenommen wurde. Darauf ist etwas zu sehen, was man als »Vernebelung« bezeichnen könnte. Es betrifft hier die Gartenmöbel links und eine Stufe zu den offenstehenden Türen des Caravans, vor dem aus wir die Aufnahme gemacht haben. Auffällig ist, daß die Gartenmöbel unscharf sind, die Shooters aber scharf. Auch dieses Phänomen tritt häufiger auf: unscharf im Hintergrund und ein scharfer Orb oder Shooter.

Ilses Fotos

Eine sehr interessante Entwicklungsstufe finden wir auf Fotos von Ilse Jenkins, wohnhaft in Glasford, Michigan. Sie fotografierte sehr viele eigentümliche, schleierartige Phänomene (Abb. 31 bis 34). Es ist schon länger bekannt, daß die Schleier zwischen den Dimensionen dünner und dünner werden und wir immer leichter mit diesen Dimensionen in Kontakt treten können, und zwar um so mehr, je tiefere Einsichten wir

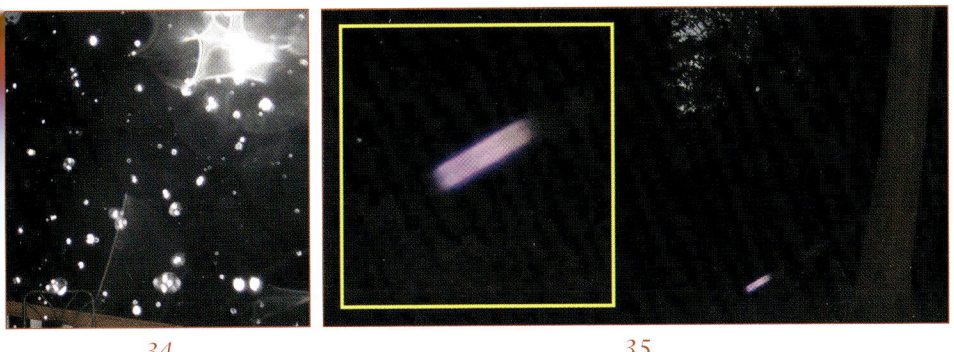

34   35

erlangen. Da ich jeden Zufall ausschließen und doch zunächst wieder eine »natürliche« Erklärung auf Basis meines Fachwissens finden wollte, befragte ich Ilse nach den Aufnahmeumständen. Ich vermutete nämlich zuerst, daß durch eine Scheibe fotografiert worden war, wenngleich das normalerweise gänzlich anders aussieht, insbesondere, wenn man einen Blitz verwendet. Beides war hier nicht der Fall.

Später bekam ich ähnliche Fotos von anderen Lichtkugelfotografen zugeschickt. Mir wurde klar, daß es sich hierbei offenbar um eine neue Entwicklungsstufe der Lichtphänomene handelt. Diese Auffassung wurde von anderen Radiästhesisten bestätigt. Sehr gründlich untersucht wurden Ilses Orbs auch von dem diplomierten und hochbegabten deutschen Wünschelrutengänger Horst Grünfelder. Er konnte Verbindungen zu Planeten, Erdgeistern und so weiter knüpfen. Es

36

würde zu weit führen, seinen Bericht [2] darüber hier ausführlich zu besprechen.

Lichtstreifen

Das Lichtphänomen erscheint auch in Form von Streifen, die am ehesten Spinnfäden von Radspinnen gleichen, was sie aber nicht sind. Letzteres wird natürlich von Skeptikern immer wieder als »Erklärung« angeführt. Die Abbildungen 35 und 36 zeigen solche Lichtstreifen. In diesem Fall war der Fotograf einen Weg entlanggelaufen und hätte dabei durchaus unbemerkt ein Stück Spinnfaden »mitnehmen« können. Während der Niederschrift dieses Buches habe ich einige Male Mails verschickt, um genau zu verifizieren, wie die Aufnahmebedingen der jeweiligen Fotos waren. Die Antwort des Fotografen dieser Bilder lautete: »Ich lief bis ans Ende des Weges und drehte mich um, um eine Aufnahme der Umgebung zu machen, als ich direkt neben der Kamera einen Lichtstreifen sah. Beim nächsten Foto sah ich eine Lichtkugel genau dort, wo der Lichtstreifen geendet hatte. Also kein Spinnfaden, denn den hätte ich bei dieser Aktion sicher zerrissen.«

Das Besondere an dieser Aufnahme ist, daß das Phänomen nicht nur auf dem Foto zu sehen ist, sondern auch mit bloßem Auge wahrgenommen wurde. Direkt im Anschluß nahm der betreffende Fotograf die Abb. 36 auf. Zwischen den Aufnahmen von Abb. 35 und 36 waren

37

44

nur wenige Sekunden vergangen, welche die digitale Kamera zum Wiederaufladen (*refreshing*) brauchte. Auf dem zweiten Bild ist ein heller »Fleck« zu sehen. Daraus kann man auch eine Aussage über die Geschwindigkeit des Orbs ableiten. Lichtkugeln können sich durchaus sehr langsam bewegen, aber auch rasend schnell.

Auf dem vorstehenden Foto (Abb. 37) sehen wir einen ähnlichen Streifen. An diesem Aufnahmeort waren mehrere Fotografen über Stunden mit Aufnahmen beschäftigt, was auch ausschließt, daß hier ein Spinnfaden im Spiel gewesen sein könnte. Dieser Lichtstreifen wurde allerdings nicht mit bloßen Augen wahrgenommen, sondern tauchte nur auf mehreren Fotos auf. Interessant ist, daß wir das Foto mit dem Lichtstreifen in den Niederlanden fotografierten, fast am gleichen Moment in dem unser Freund Frank Norddeutschland ein ähnliches Foto von einem Lichtstreifen fotografierte.

Rote Glut

Ein ganz besonderes Lichtphänomen ist das der Roten Glut, das immer wieder auf Fotografien auftaucht (Abb. 38). Auffällig ist, daß die Rote Glut ausschließlich an Knotenpunkten von Ley-Linien auftauchen.

Lichtphänomene entwickeln also immer neue Erscheinungsformen. Und so wird es sicher auch weitergehen.

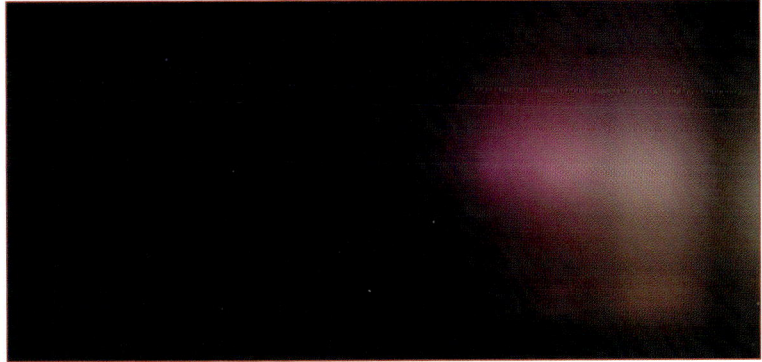

38

Lichtkugel rettet Kuh

Wie seltsam das Lichtphänomen in all seinen Facetten auch sein mag, man kann nicht umhin, zuzugeben, daß Lichtkugeln ganz besondere Dinge bewerkstelligen können. Einmal abgesehen davon, daß es sich um ein wunderschönes, unfaßbares Phänomen handelt, gibt es auch Lichtkugeln, die warnen, heilen und retten. Ich erzähle im folgenden die Geschichte der wundersamen Rettung einer Kuh durch eine Lichtkugel.

Albert van der Linden ist gerne in der Natur. Jeden Tag ist er irgendwo anders draußen unterwegs: am Naardermeer, in den nahegelegenen Poldern oder sonstwo. Den größten Teil seiner Freizeit verbringt er an der frischen Luft und genießt die Schönheit der Natur. Dabei trägt er immer sein Mobiltelefon und eine Fotokamera bei sich. Albert ist nämlich auch ein talentierter Amateurfotograf. Wir kamen über eine Mail in Kontakt, in der er mir kurz sein Erlebnis schilderte. Später folgten intensive Mailwechsel und lange Telefongespräche, die ich so schnell nicht vergessen werde.

Am Dienstag, den 13. Juli 2004, joggte Albert im Polder bei Eemnes, in der Provinz Utrecht, als er plötzlich eine Kuh bis zu den Knien ein-

39

40 41 42

gesunken in einem Wassergraben stehen sah. Wie auch immer das unglückliche Tier da hineingeraten war, ohne Hilfe schien es verloren, erst recht in einem so abgelegenen Gebiet, wo kaum Verkehr herrschte. Albert war offensichtlich zur rechten Zeit am rechten Ort. Ihm war klar, daß er es nicht alleine schaffen würde, die Kuh aus ihrer mißlichen Lage zu befreien. Deshalb rief er mit seinem Mobiltelefon die Feuerwehr zur Hilfe. Es verging eine geraume Zeit, und noch immer war keine Feuerwehr in Sicht, also rief er erneut dort an. Während er dies tat, befürchtete er, daß er wohl eine Geldbuße für falschen Alarm zahlen müsse, falls es der Kuh doch noch gelänge, sich selbst zu befreien und die Feuerwehr umsonst angefahren käme. Darum machte er zum Beweis, daß die Kuh wirklich in Not war, dieses Foto (Abb. 39).

Das zweite Telefonat ergab, daß die Feuerwehr unterwegs war, aber Mühe hatte, den Unglücksort in dieser ihr nicht vertrauten Gegend zu finden. Albert hatte die Lichtkugel auf seinem Foto nicht gesehen oder zumindest nicht beachtet. Während des Telefonats mit der Feuerwehr geschah dann das Unglaubliche: Die Kuh drehte sich um und kletterte einfach an der anderen Seite des Grabens heraus und war damit wieder auf ihrer Weide! Kühe können eigentlich aufgrund ihres hohen Gewichtes aus solch morastigem Untergrund nicht allein herauskommen.

Albert rief also wieder die Feuerwehr an, um mitzuteilen, daß sie nicht mehr kommen brauche. Zum Glück hatte er ja für alle Fälle die Beweisfotos.

47

43   44   45

46   47   48

Am nächsten Tag erzählte Albert auf seiner Arbeitsstelle von seinem Abenteuer und zeigte seinen Kollegen die Fotos. Einer seiner Kollegen entdeckte die Lichtkugel darauf und verwies Albert auf meine Webseite. Und Albert schrieb mir dann die besagte Mail. Daraus ergab sich ein intensiver Kontakt zwischen uns.

Natürlich gibt es Skeptiker, die sagen, man könne solche »Lichtkugeln« mit jedem Bildbearbeitungsprogramm in ein Bild hineinretuschieren, was ja technisch auch tatsächlich problemlos machbar ist. Mir war aber instinktiv klar, daß Albert mir die Wahrheit erzählte und daß die Fotos, die er mir zuschickte, echt und unbearbeitet waren.

Als Berufsfotograf verfüge ich über unterschiedliche Computerprogramme, mit Hilfe derer ich Fotos auf ihre Authentizität hin beurteilen kann. Wir fragten beim Besitzer der Kuh und bei der Feuerwehr

49 50 51

52

nach, die uns beide bestätigten, daß die Kuh eigentlich unmöglich aus eigener Kraft aus dem Graben hätte herauskommen können; und wenn, dann wäre das die absolute Ausnahme und käme äußerst selten vor.

Früher lebte in dieser Gegend ein Mann, der sehr erfahren darin war, Kühe aus Wassergräben zu befreien. Man holte ihn immer wieder zur Hilfe, wenn wieder eine Kuh in einen Graben geraten war und aufs Trockene gezogen werden mußte. Das machte er mit Hilfe seines Pferdes. Möglicherweise war ja die rettende Lichtkugel eine Manifestation dieses Kuhretters.

Heute zieht man derart in Not geratene Kühe mit Traktoren aus dem Graben oder ruft eben die Feuerwehr zu Hilfe.

Albert suchte diesen Ort später noch öfter auf, und die betreffende Kuh schien ihn auch immer wieder zu erkennen (Abb. 40 bis 50). Madame Kuh schaute Albert immer an, während sich die anderen Kühe überhaupt nicht um ihn kümmern und einfach weiter grasen. Im Mai 2008, also vier Jahre nach dem Geschehen, erkannte die Kuh Albert immer noch (Abb. 51 und 52)!

Tieren können sich sehr gut Dinge merken. Tu einem Hund etwas an, und er wird es sein Leben lang nicht mehr vergessen. Albert öffnete dieser Kuh sein Herz. Und wie manifestiert sich, daß eine Kuh auf die Weise ebenfalls ein gutes Erinnerungsvermögen hat? Die Fotos beweisen es: Die Kuh erkennt Albert.

Der längst verstorbene Kuhretter von früher hatte der Kuh vielleicht geholfen, augenscheinlich in Gestalt der Lichtkugel. Albert durfte Zeuge dieses Geschehens sein und hat die besagten Fotos davon gemacht. Ein wunderschönes Zusammenspiel zwischen Mensch, Tier und dem, was uns umgibt.

Lichtkugeln (Orbs) und das Landgut Kernhem

Das Landgut Kernhem gehört zur Gemeinde Ede im Gelderland und liegt auf der Grenze zum Ort Lunteren. Es ist ein bekannter Kraftort. Über das Gelände des Gutes verlaufen etliche Ley-Linien (positive Kraftlinien), und da Lichtkugeln sich besonders gerne und gut auf solchen Linien fotografieren lassen, ist es auch nicht verwunderlich, daß genau dies dort sehr häufig passiert. Die übergroße Mehrheit der Lichtkugel-Fotos, die ich gemacht habe, ist dort auf Kernhem entstanden. Das Gut hat seine Bekanntheit unter anderem der Legende von der »Weißen Frau« zu verdanken, die noch heute gelegentlich gesehen wird.

Am 3. November 2000 nahm Nel die folgenden Fotos auf (Abb. 53 bis 56). Sie wurden alle mit einer relativ einfachen analogen APS-Kamera innerhalb eines Hexenringes fotografiert. Nel hatte an dem Tag ihre Wohnung auf Kernhem verlassen und fand den Hexenring auf einem Waldweg ganz in der Nähe. Intuitiv parkte sie ihren Wagen, holte ihre Kamera hervor und begann zu fotografieren. Das Gefühl, unbedingt fotografieren zu müssen, war unbändig in ihr emporgestiegen!

53

54

55

56

Augenscheinlich hatten die Lichtkugeln sie auf ihre Weise eingeladen, sie abzulichten!

Der Hexenring war Teil eines ganzen Systems von fünfzehn Hexenringen, die sich alle auf derselben Ley-Linie aufgereiht fanden. So wie immer, oder zumindest oft, zeigten sich die Lichtkugeln auch hier nicht auf jedem Foto, sondern nur auf einigen dieser Serie. Interessant ist das Foto (Abb. 54), auf dem sich eine Lichtkugel über einem Hexenring schwebend zeigt. Berücksichtigt man die Schärfe der Lichtkugel, dann muß sich diese etliche Meter vom Objektiv entfernt befunden haben. Ein sehr wichtiges Foto also.

Doch es wird noch interessanter! Das allerwichtigste Foto aus dieser Serie ist die Abbildung 55. Die Abbildung zeigt das gesamte Foto. Beachten Sie, daß sich auf der rechten Seite eine vertikale Reihe von Lichtkugeln befindet. Die Vergrößerung in Abbildung 56 verdeutlicht das. Leider ist eine noch stärkere Vergrößerung im Rahmen dieses Buches nicht möglich, doch Sie können die Abbildung auch auf meiner Webseite unter folgender Adresse ansehen: *http://home.kpn.nl/lichtbol/Blue blarge.htm*

Verwunderlich ist, daß ich, dieses Bild an meinem Computer betrachtend, die Zahl 1111 auf ein Stück Papier schrieb (Elf oder Elfen). Nel, die die Fotos schoß und die Fähigkeit hat, automatisch zu zeichnen und zu schreiben, war zu der Zeit bei mir und zeichnete parallel dazu eine kleine Elfe aufs Papier. Und gleichzeitig bekam ich eine Mail von einem damaligen Freund, der mir schrieb, dieses Bild habe etwas mit Elfen zu tun, die zum Reich der Devas gehören. In diesen Tagen begann mir, etwas klar zu werden!

Kurz zuvor war mir das Buch *Elementarwesen* [3] des slowenischen Autors und Künstlers Marko Pogačnik in die Hände gefallen. Der Untertitel dieses Buches lautet *Begegnungen mit der Erdseele*. Ich knüpfte die Verbindung zwischen den blauen, sich mehr oder minder vertikal bewegenden Lichtkugeln auf dem Foto und einer Zeichnung (Abb. 57), die Marko in sein Buch aufnahm. Marko reist um die ganze Welt, um Wälder, Naturschutzgebiete und so weiter mit Hilfe der Naturwesen, der Devas, wiederherzustellen und damit zur Gesundung unserer Mutter Erde beizutragen. Eine Reihe von Jahren hatte ich vergeblich versucht, Marko zu kontaktieren. Während ich dieses Buch schrieb, gelang es mir endlich, ihn zu erreichen, und er hat mir die Erlaubnis gegeben, seine Zeichnung in mein Buch aufzunehmen.

57

Ein wirklich denkwürdiger »Zufall«: Es handelt sich bei dem Objekt auf dem Foto offenbar um eine aus der Erde aufsteigende Gruppe von Elfen, die sich, Energie verteilend, über das Gebiet verstreuten, um sich später wieder in die Erde zurückzuziehen und neue Energie zu sammeln. Auf diese Weise versorgen sie Wälder und Landschaften mit der benötigten Energie.

In seiner stilisierenden Zeichnung stellt Marko dar, wie sich die Devas ihm gezeigt haben. Interessant ist in diesem Zusammenhang, daß seit Jahrhunderten die Legende der »Weißen Frau« im Umlauf ist, von einer Prinzessin, die auf dem Gut Kernhem umhergeistern soll. Viele Menschen wollen diese Erscheinung gesehen haben. Hin und wieder bekomme auch ich Mails von Menschen, die das Phänomen erst kürzlich wahrgenommen haben wollen. Ich erinnere mich an einen Bericht zweier Freundinnen, die die »Weiße Frau« ebenfalls gesehen und sich entsetzlich gefürchtet hatten, obgleich es dafür überhaupt keinen Grund gibt.

Auf dem Landgut ist ganz offensichtlich eine hohe Konzentration von Lichtphänomenen vorhanden. Ich selbst fotografiere Lichtkugeln nicht nur, sondern ich kann sie auch mit bloßem Auge wahrnehmen. Ob ich nun auch die »Weiße Frau« schon wahrgenommen habe, kann ich gar nicht sagen. Jedenfalls hat sie sich mir nicht als »Weiße Frau« vorgestellt. Die Erscheinung »Weiße Frau« ist derart populär und bekannt, daß sogar Willy Vandersteen in seiner *Suske und Wiske*-Comic-Reihe [4] ein ganzes Heft diesem Thema widmete.

Analog und Digital

Um das Jahr 2000 herum stieg die Anzahl der Lichtkugel-Fotos drastisch an. Daß die Ursache dafür in der Erfindung und Verbreitung der digitalen Fotografie zu suchen sei, ist ein Mißverständnis, welches sich nach wie vor hartnäckig hält. Dabei ist nichts weniger wahr. Eines der immer wieder vorgebrachten Argumente ist, daß kleine Fehler in den Bildsensoren steckten. Die Bildverarbeitung durch den Prozessor in der Digitalkamera, die über den Sensor das empfangene Bild in eine digitale Datei umwandelt, solle die Lichterscheinungen verursachen.

Wenn dies der Fall wäre, dann müßte dieses Phänomen bei nahezu allen Kameras einer Marke und eines Typs auftauchen. Durch Fehler im Bildsensor oder Prozessor hervorgerufene Objekte müßten dann auch auf allen Fotos vorkommen, zumindest aber auf den Fotos, die unter den gleichen Umständen aufgenommen wurden. Häufig wird gesagt, die Lichtkugeln entstünden im Infrarotbereich, einem Lichtbereich, in dem digitale Kameras tatsächlich, im Gegensatz zu analogen Kameras, sehr empfindlich sind. Sie können Ihre Digitalkamera leicht testen, indem Sie sie aufnahmebereit machen, eine Infrarotfernbedienung (etwa von Ihrem Fernsehgerät) davorhalten und eine beliebige Taste darauf drücken und zugleich auf das Display ihrer Kamera schauen. So können Sie übrigens auch kontrollieren, ob die Fernbedienung noch funktioniert oder ob die Batterien leer sind.

Sowohl meine Freundin als auch ich nahmen anfangs Lichtkugeln mit unseren analogen Kameras auf, also Kameras, die mit einem Film arbeiten. Die Ergebnisse waren verblüffend. Die Arbeit mit einem Film hat allerdings auch Nachteile. Für ein umfangreiches Experiment müssen pro Sitzung einige zig Aufnahmen gemacht werden, vorzugsweise mit Hilfe eines Stativs, um die Fotos später besser miteinander vergleichen zu können. Das kostet viel Filmmaterial und damit viel Geld. Man sieht die Ergebnisse auch nicht sofort, sondern muß erst warten, bis die Filme entwickelt sind. Aus diesen Gründen sind wir beide irgendwann auf digitale Kameras umgestiegen, ohne jedoch der analogen Fotografie vollends abzuschwören. Immer, wenn wir die

Anwesenheit von Lichterscheinungen spüren, kommen die analogen Kameras zum Einsatz.

Jedes Jahr im Sommer findet in Norddeutschland ein Symposion von Orbsfotografen statt, während dessen im Gebiet Reiherholz abends zahlreiche Versuche durchgeführt werden. Das Reiherholz besteht vornehmlich aus Wäldern, in denen sich einzelne kleine Seen verstecken. Dieses Gebiet hat einen hohen energetischen Status und man kann sich sicher sein, dort Lichtkugeln vor die Kamera zu bekommen. Immer wieder unternehme auch ich dort Versuche, bei denen ich auf einem *bracket* (eine Metallschiene als Träger) zwei Kameras (eine digitale und eine analoge) nebeneinander befestige. Sobald ich im Display der digitalen Kamera eine Lichterscheinung sehe, drücke ich sofort auf den Auslöser der analogen Kamera. Die Fotos in den Abbildungen 58 bis 61 sind auf diese Weise analog entstanden.

Eine große Anzahl von Fotos in diesem Buch sind übrigens analog aufgenommen worden. Für mich gibt es keinen Unterschied, ob die Fotos analog oder digital fotografiert wurden.

Immer wieder hört man, das Phänomen entstehe durch die Benutzung minderwertiger Kameras. Diese Aussage kann ich ganz und gar

58

59   60   61

nicht unterstützen. Das Phänomen der Lichtkugeln findet sich bei allen möglichen Kameras, jedenfalls bei allen Kameras, die ich benutze. Darunter ist etwa eine analoge Leica-Kamera mit Meßsucher-System, dem Rolls Royce unter den Kameras. Ansonsten nehme ich das Lichtphänomen mit unterschiedlichen Spiegelreflex- und Kompaktkameras auf! Und etliche Fotos entstehen mit digitalen Kameras.

Warum explodiert dann aber seit der Jahrtausendwende die Zahl der fotografierten Lichtkugeln derart, just in dem Moment, wo die digitale Fotografie Allgemeingut wird? Ein jeder freute sich, daß die digitale Fotografie wesentlich preisgünstiger ist als die analoge. Man kann von einem Objekt Hunderte von Aufnahmen machen und dann nur die allerbesten auswählen. Die Anzahl der Fotografien, die gemacht werden, ist um ein Vielfaches höher als bei Aufnahmen mit analogen Kameras. Man hat ja keine entsprechenden Kosten für Filme und Entwicklung. Das sind für mich die Hauptgründe, digital zu fotografieren.

Heute kann ich während eines Experiments Hunderte von Fotos schießen. Da ist es auch nicht weiter verwunderlich, erst recht bei meinen Aktivitäten in dieser Richtung, daß ich viel mehr Lichtkugeln aufnehmen konnte als zuvor. Das gleiche gilt für andere Lichtkugelfotografen, die auf digitales Fotografieren umgestiegen sind. Parallel dazu trat das Internet seinen Siegeszug an, und Bilder und anderes Material konnten viel schneller und einfacher ausgetauscht werden.

Das »International Orbs-Forum«, dessen Mitglied ich bin, wurde im September 1999 gegründet und erwuchs aus einer Gruppierung von

Wünschelrutengängern. Die Gründer ahnten damals nicht, daß aus den wenigen Mitgliedern eine so große Gruppe entwickeln würde, wie sie heute dasteht. Ohne das Internet wären die vielfältigen internationalen Kontakte, auch meine eigenen, nie zustande gekommen. Durch die schnell wachsende Popularität der digitalen Fotografie und den Siegeszug des Internets läßt sich das enorme Anwachsen von Lichtkugelfotos und deren rasend schnelle Verbreitung rund um den Erdball leicht erklären. Meiner Meinung nach sind das die Hauptgründe, warum sich das Lichtkugelphänomen heute so schnell ausbreitet. Die Behauptung, daß das Phänomen den digitalen Kameras zuzuschreiben sei, unterschreibe ich definitiv nicht. Dafür sind meine diesbezüglichen Erfahrungen mit analogen Kameras viel zu umfangreich und zu eindeutig.

Warum fotografiert nicht jeder Lichtkugeln?

Das ist eine äußerst interessante Frage! Warum fotografiert der eine Lichtkugeln, der andere aber, auch unter ähnlichen Umständen, mit typgleicher Kamera und am selben Standort nicht? Es gibt also offenkundig Unterschiede. Ich gehe davon aus, daß wir es hier mit Frequenzen, mit Schwingungen zu tun haben. Resonanz heißt die Erscheinung, die Objekte mit Schwingungen anderer Objekte mitschwingen läßt. Wenn man etwa eine Stimmgabel anschlägt, dann wird eine gleichartige Stimmgabel mitschwingen. Wenn man dann bei der angeschlagenen Stimmgabel den Ton löscht, indem man die Zinken mit der Hand umfaßt, dann schwingt die zweite Stimmgabel weiter.

Ich selbst benutze keine Stimmgabel, sondern eine Tingsha [5], eine Zimbel aus zwei kleinen, mittels einer Schnur miteinander verbundenen Metallbecken, die im Buddhismus gebräuchlich ist. Um die Frequenzen der beiden Becken perfekt aufeinander abzustimmen, wird bei der Produktion an dem einen Becken solange Metall abgefeilt, bis beide Becken exakt dieselbe Frequenz haben. Wenn ich eines der beiden Becken mit einem harten Gegenstand anschlage und dann den Ton mit meiner Hand dämpfe, dann schwingt das andere Becken mit exakt der gleichen Frequenz weiter. Wenn ich beide Becken gegeneinanderschlage, halten sie beide ihre Schwingung sehr lange.

Ich bin fest davon überzeugt, daß es sich bei den Lichtkugeln ähnlich verhält. In dem Moment, in dem sich die Lichtkugeln auf einem Foto zeigen, kann man von Resonanz sprechen. Ob sich die Lichtkugeln an den Fotografen anpassen oder der Fotograf sich an die Lichtkugeln, ist dann die Frage. Für mich ist es klar, daß nicht ich die Lichtkugeln suche, sondern diese mich aufsuchen, auch wenn ich mit der Absicht fotografiere, Lichtkugeln festzuhalten.

Die meisten Lichtkugelfotografen beschäftigen sich, wie ich selbst, neben der Lichtkugelfotografie auch mit anderen esoterischen Themen. Daher bin ich der festen Überzeugung, daß Lichtkugeln sich denen offenbaren, die an der Entwicklung ihres Bewußtseins arbeiten. Durch die Erhöhung des eigenen Bewußtseins können wir in solche anderen

Dimensionen (Schwingungen, Frequenzen) gelangen, in denen sich auch Lichtkugeln manifestieren. Vermutlich ist auch dies ein Grund, warum immer mehr Menschen Lichtkugeln fotografieren, denn immer mehr Menschen erweitern heute ihr Bewußtsein und damit auch ihre Schwingungspotentiale. Ob man sich nun in Meditation übt, Yoga macht, Mantras singt oder was auch sonst tut – bei allen Techniken handelt es sich um bewußtseinserweiternde Techniken.

Abgesehen vom persönlichen Wachstum spielt aber noch ein anderer Aspekt eine Rolle. Seit einigen Jahren nähert sich unser Sonnensystem, und damit auch unsere Erde, dem Photonengürtel [6]. Photonen sind Lichtteilchen. Im »magischen« Jahr 2012 werden wir dann völlig in den Photonengürtel eintauchen, so jedenfalls legen es Computeranimationen und Berechnungen nahe. Meiner Meinung nach hat diese Tatsache ebenfalls einen Einfluß auf das Faktum, daß immer mehr Menschen Lichtkugeln fotografieren. Es ist wie ein energetischer Impuls. Zudem spielen die zum Teil sehr kraftvollen kosmischen Energien mit hinein, die unseren Schwingungen einen noch höheren Impuls geben.

Es gibt eine Theorie, nach der die Grundschwingung der Mutter Erde, die sogenannte Schumann-Frequenz, langsam zunimmt und von 7,8 Hertz auf 13 Hertz ansteigt. Diese Frequenz wird im Jahr 2012 erreicht werden. So berechnet es etwa Gregg Braden (USA) und mit ihm einige andere. Allerdings gibt es keinen wissenschaftlichen Beweis dafür. Die Naturwissenschaften gehen davon aus, daß die Frequenzabweichung maximal 0,5 Hertz betragen kann. Nun gut, ein wissenschaftlicher Beweis folgt oftmals sehr viel später, wenn er überhaupt folgt.

So dachte man früher, die Sonne drehe sich um die Erde. Schließlich sah man die Sonne immer wieder aufgehen und nach einer Weile wieder untergehen. Nikolaus Kopernikus und Galileo Galilei hielten dem die heliozentrische Theorie entgegen, nach der die Erde sich um die Sonne dreht. Von ihren Zeitgenossen wurde sie dafür verhöhnt und beschimpft. Auch die Kirche widersetzte sich dieser Auffassung heftig, schließlich stand sie im Widerspruch zur Bibel. Heute wissen wir es besser...

Doch kurz zurück zur Resonanz. Es zeigte sich, daß es, wenn sich Lichtkugelfotografen eine neue Kamera kaufen, eine Weile dauert, bis sich die Lichtkugeln wieder einfinden. So geschah es vielen. Das führte zu der Theorie, daß auch die Kamera selbst eine bestimmte Resonanz erfahren müsse. Als nüchterner Niederländer hatte ich mit dieser Idee zunächst so meine Schwierigkeiten. Doch muß ich zugeben, daß ich diese Vorstellung nicht ganz von der Hand weisen mag, da diese Erscheinung in so vielen Fällen auftrat. Ich war sehr oft bei meiner Freundin Nel auf dem Landgut Kernhem. Wir hatten beide zwei identische Kameras. Es schien uns eine gute Idee zu sein, einmal unsere Kameras zu tauschen und mit der Kamera des jeweils anderen zu experimentieren. Wir bemerkten keinen signifikanten Unterschied.

Im Nachhinein wurde mir auch klar warum. Nel und ich bewegen uns buchstäblich auf der gleichen Wellenlänge, nicht nur die Lichtkugeln betreffend, sondern auch auf vielen anderen Gebieten. Ich selbst habe noch nie eine Unterbrechung im Erscheinen der Lichtkugeln nach dem Kauf einer neuen Kamera erlebt. Während ich dieses Buch schrieb, erinnerte ich mich, daß ich kurz zuvor eine neue Kameraausrüstung angeschafft hatte, mit der ich noch nie fotografiert hatte. Also ließ ich den Computer Computer sein und begann mit der neuen Kamera zu fotografieren. Schon auf dem dritten Foto, das ich schoß, zeigte sich eine Lichtkugel. Das widerspricht der Theorie, daß auch die Kamera in die Schwingungen mit aufgenommen werden muß. Es war allerdings so, daß ich diese Kamera die ganze Zeit mit mir im Rucksack herumgetragen und überall mit hingenommen hatte. Sie hatte sich also die ganze Zeit in meinem eigenen Energiefeld befunden.

Fakt ist und bleibt aber, daß viele Lichtkugelfotografen, und zwar beinahe ausnahmslos, mit einer nagelneuen Kamera zunächst eine ganze Weile das Lichtphänomen nicht aufzunehmen in der Lage waren. So oder so zumindest überdenkenswert...

Lichtkugeln und Geräuscherfahrungen

In Kornkreisen habe ich schon mehrfach Tonaufnahmen gemacht – mit überraschenden Ergebnissen. Im Jahr 2002 besuchte ich mit Nel die Herzherberge (Szivek Szallodája) im Ort Pálmonostora in der ungarischen Puszta. Die Herzherberge gehört einer alten Bekannten von mir, Marjan Meier, die ihr Leben in den Niederlanden hinter sich ließ, um, wo auch immer, ein neues zu beginnen. Sie landete in Pálmonostora. Marjan habe ich ehedem bei einem Vortrag über Kornkreise kennengelernt. Irgendetwas zog mich magisch zu ihr hin.

Es wurde schnell klar, warum ich sie so anziehend fand! Marjan hatte bei den Pyramiden von Gizeh Video-Aufnahmen von einem Lichtblitz gemacht, der aus einer der Pyramiden herauskam. Diese Erscheinung war mir wohlbekannt, denn ich hatte in dem Buch *Geheimnisvolles Ägypten* von Paul Brunton [7] darüber gelesen, allerdings noch nie ein Bild davon gesehen. Marjan zeigte mir ein Foto dieser Erscheinung, die sie aus ihrem Video herauskopiert hatte. Später hatte ich noch Gelegenheit, die originale Video-Aufnahme zu sehen. An der Authentizität der Aufnahmen besteht kein Zweifel. Offensichtlich hatte Marjan einen Kontakt zum Phänomen der Lichtkugeln.

Als Nel und ich in der Herzherberge ankamen, fiel uns sofort auf, daß sich die Energie dort unglaublich gut anfühlte. Mit meiner Wünschelrute spürte ich später die dort verlaufenden Ley-Linien auf. Ein derartiges Linienmuster war mir bis dahin noch nie begegnet: Parallele Linien, die auch noch im rechten Winkel zueinander standen (Abb. 62).

Die Linien mit den Pfeilspitzen am Ende sind die Ley-Linien. Die Pfeile zeigen an, daß die Linien außerhalb des Ausschnitts in der Landschaft weiter verlaufen. Die Zeichnung erfaßt lediglich die Wohn- und Aufenthaltsgebäude der Herberge, nicht die landwirtschaftlich genutzten Flächen. Auf dem Gelände befindet sich auch eine Pyramide, die in exakter Nord-Süd-Ausrichtung genau auf einer Ley-Linie plaziert ist: eine Miniaturausgabe der großen Cheops-Pyramide, die aus natürlichen Baumaterialien errichtet ist. Die Skizze läßt die Ley-Linien und die Position der Pyramide erkennen. Es konnte gar nicht anders sein, als

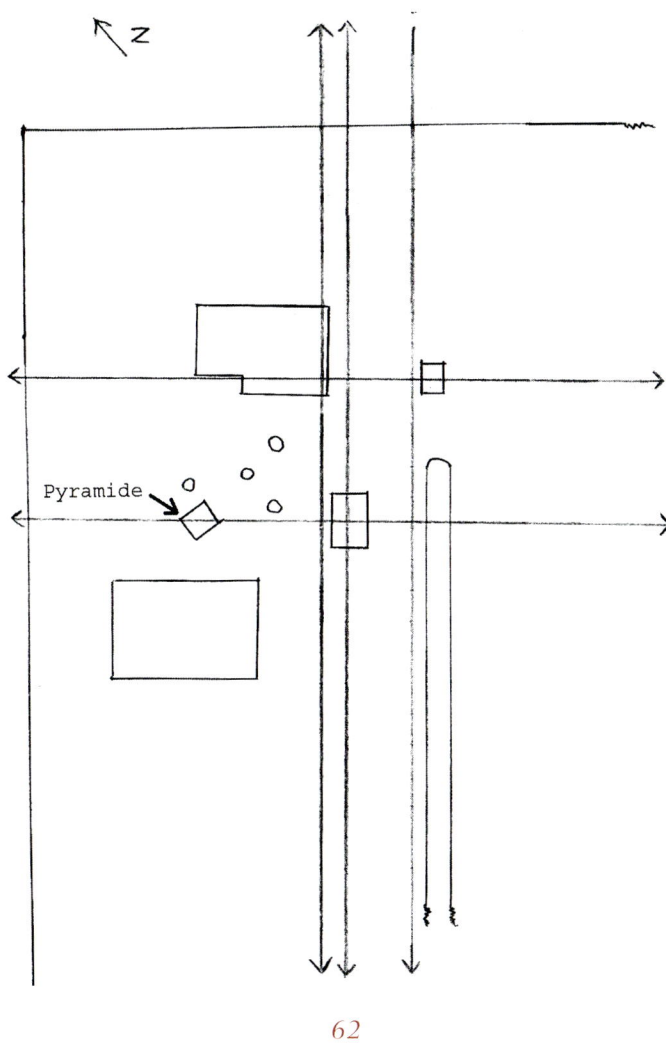

Pyramide

62

daß sich auf diesem Gelände eine hohe Aktivität von Lichtkugeln nachweisen ließ. Darum begannen Nel und ich sofort zu fotografieren. Wie erwartet, zeigten sich viele Lichtkugeln. Unterschiedliche Kugeln, aber auch Shooters ließen sich aufnehmen. Besonders auffallend sind wieder die horizontalen Shooters (Abb. 63). Selbstverständlich stand

63   64

die Pyramide im Mittelpunkt unseres Interesses. Gerade dort ließen sich besonders viele Lichtkugeln sehen und fotografisch festhalten. Die hier abgedruckten Abbildungen zeigen nur einige der von uns dort gemachten Aufnahmen (Abb. 64).

Viel später während unseres Besuches kam ich auf die Idee, auch Tonaufnahmen zu machen. Im Vorfeld hatte ich bemerkt, daß meine L-förmige Wünschelrute sich mit wahnsinniger Geschwindigkeit drehte. Die Rute ist ein zusammenklappbares Modell. Sie ging dabei kaputt. Solchen Drehgeschwindigkeiten hielt sie einfach nicht stand. Ich selbst hatte so etwas noch nie erlebt. Grund genug für mich, in der Pyramide auch Tonaufnahmen zu versuchen. Ich installierte also meine Aufnahmeapparaturen und wartete ab, was sie aufzeichnen würden. Das Mittagessen war uns erst einmal wichtiger.

Als ich die Tonaufnahmen nach dem Lunch abhörte, waren beeindruckende Geräusche auf dem Band zu hören. Ich habe solche Aufnahmen während unseres restlichen Aufenthaltes in Ungarn noch häufiger gemacht. Von schließlich über 120 Minuten Aufnahmematerial blieben nach dem Herausschneiden von Passagen, die nichts anderes als Rauschen enthielten, rund 80 Minuten verwendbares Material übrig.

Ich hatte in Kornkreisen zuvor schon ähnliche Geräusche aufgenommen. Von Kornkreisen ist bekannt, daß man dort häufig auch Lichtkugeln fotografieren kann. Oft wird auch von Lichterscheinungen berichtet, die dem Entstehen eines Kornkreises vorangehen.

Geräusche kann man in einem Buch leider nur schwer wiedergeben. Zunächst sind die Töne gar nicht zu hören, schwellen dann aber langsam zu einer enormen Lautstärke an. Die Grafik in Abb. 65 zeigt die Geräuschentwicklung.

Zudem läßt sich das Phänomen in sehr kurzen, starken Ausschlägen hören, wie sie in der Graphik Abb. 66 zu sehen sind. Das Bild ähnelt Entladungen von statischer Elektrizität, doch die Spitzen sind dafür viel zu kurz, wie mir ein renommierter Akustikspezialist versicherte. Ihm

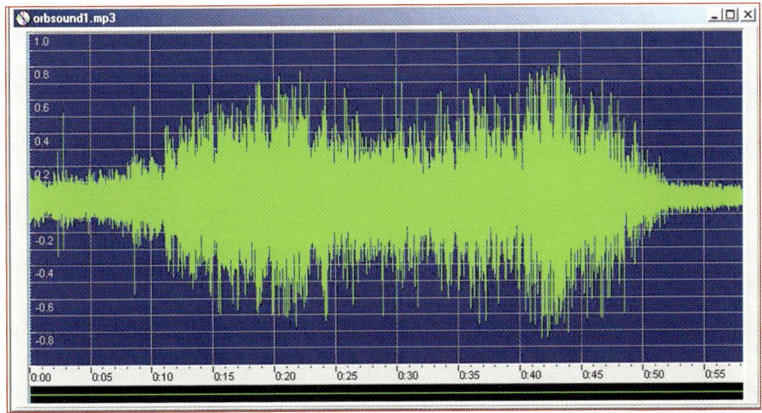

65

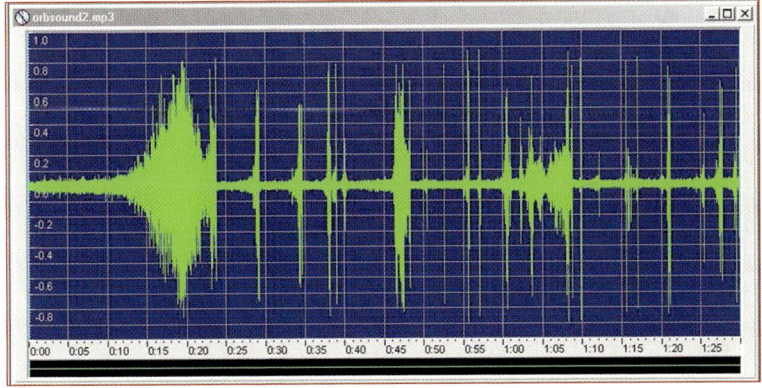

66

fiel auf, daß die Geräuschfrequenzen sich im Frequenzbereich der menschlichen Sprache bewegten. Er hatte recht. Was der Experte nicht wußte war, daß diese Aufnahmen mit einem Stimm-Recorder aufgenommen worden waren. Solche Diktaphone arbeiten optimal in dem Bereich, für den sie entwickelt wurden: die Aufnahme menschlicher Sprache. Nach dieser Erfahrung schaffte ich mir einen Minidisk-Recorder an, um die Geräusche digital aufnehmen zu können. Auch meinen Laptop und mein Mikrophon nehme ich zu diesem Zweck immer mit ins Feld. Nicht ohne Erfolg, doch die Aufnahmen in der ungarischen Puszta bilden nach wie vor den Höhepunkt. Ich nenne die Geräusche *Lichtkugelklänge*, wobei die Frage im Raum steht, ob die Lichtkugeln diese Töne von sich geben oder ob sie von einer anwesenden Energie stammen, durch die sich die Lichtkugeln angezogen fühlen. Wie auch immer, Lichtkugeln lassen sich auf Ley-Linien durchweg hervorragend aufnehmen.

Das Muster der Ley-Linien auf der Herzherberge war wirklich einzigartig. Sicher ist das auch der Grund, warum sich Lichtkugeltöne gerade dort so gut aufnehmen ließen. Jemand, der in der Geräuschbearbeitung sehr kundig ist, hat die Aufnahmen mit Hilfe eines Synthesizers und einigen Computerprogrammen bearbeitet, wodurch aus den Geräuschen eine Musik von außerordentlich beruhigendem Charakter entstand. Die so entstandene Musik wird seither auch in Heilungssitzungen angewendet. Da Lichtkugeln augenscheinlich multidimensionale Bewußtseinsformen sind, können sie sich eindeutig auch auf andere Frequenzen einstimmen und sie offensichtlich für bestimmte Ziele einsetzen. Auf der am Schluß des Buches genannten Webseite können Sie einige Ausschnitte aus diesen Geräuschen hören.

Lichtkugeln hinter Gegenständen

Das Phänomen der Lichtkugeln ist außerordentlich faszinierend, und wie bei anderen Phänomenen auch, versuchen wir ständig, herauszufinden, wie es entstanden ist und warum. Eine wissenschaftliche Erklärung zu finden, ist sicher ein Ziel an sich, nimmt aber dem Phänomen seinen Charme, denn fände man diese Erklärung, wäre das Phänomen ja keines mehr. Und trotzdem ist jeder, der sich mit Phänomenen beschäftigt, auf der Suche nach Erklärungen dafür.

Für mich spielt das eigentlich keine besondere Rolle mehr, denn ich frage mich inzwischen, ob es überhaupt jemals eine Erklärung dafür geben wird. Viele Menschen, vor allem Skeptiker, versuchen das Phänomen zu entschlüsseln und schließlich zu widerlegen. Ich habe zahllose Diskussionen darüber geführt – nicht um zu beweisen, daß ich recht habe, nichts liegt mir ferner. Viele Wissenschaftler und Pseudowissenschaftler fahren sich fest, weil sie zu wenig Kenntnis von der Fotografie, von Optik und von den natürlichen Eigenschaften des Lichts haben.

Die Frage, die sich im Zusammenhang mit dem Lichtkugelphänomen stellt, ist natürlich folgende: Wie weit waren sie von Kamera und Fotograf entfernt? Eine logische Frage, die ich mir selbst auch stellte. Ich nehme die Lichtkugeln auch mit bloßem Auge wahr, und meist liegt die Distanz zwischen mir und den Kugeln bei einigen Metern. Manche erschienen sogar mehrere Hundert Meter entfernt. Das hängt auch mit der Bewegung der Orbs zusammen. Eine subjektive Einschätzung, sicher, und auch kaum genau meßbar.

Interessant wird es allerdings, wenn sich Lichtkugeln teilweise verborgen hinter Gegenständen zeigen. Daraus kann man dann schon sehr viel präzisere Aussagen über die Entfernungen ableiten. Da viele Lichtkugelfotografen in der freien Natur fotografieren, finden sich zahlreiche Aufnahmen von Lichtkugeln hinter Zweigen und Ästen. Da dadurch die Lichtkugel nur zu einem Teil sichtbar ist, können wir ihre Entfernung besser abschätzen. Wenn der betreffende Baum oder sonstige Gegenstand sich beispielsweise etwa zehn Meter vom Fotografen entfernt befindet, dann muß die Lichtkugel sich mindestens

in ähnlicher, wenn nicht größerer Entfernung befinden. Einige Beispiele für solche Aufnahmen liefern die Abb. 67 bis 71.

67

68

69

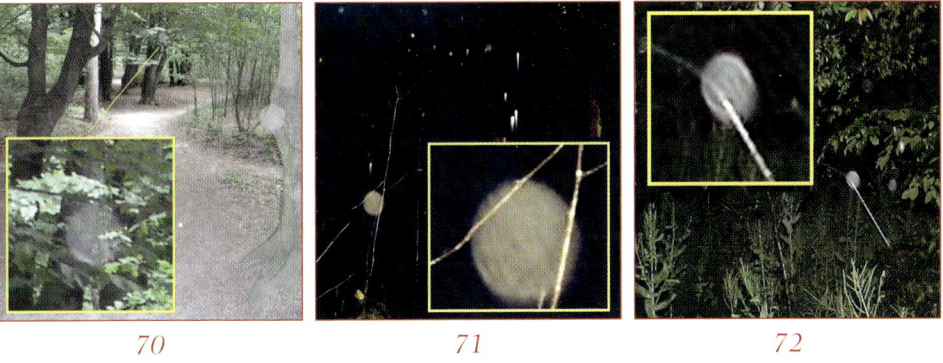

70   71   72

Ein besonders interessantes Foto schickten mir meine Freunde John und Jan aus Arkansas, USA. Beide fotografieren seit Jahren Lichtkugeln und haben beide enorm zur Erforschung des Phänomens beigetragen und tun dies noch heute. Nicht zuletzt durch die Aktivitäten der internationalen Lichtkugel-Gruppe, deren Gründer sie sind. Auf ihr Bitten hin wurde ich später Leiter dieser Gruppe. Es handelt sich um die Aufnahme *pole through orb*, Stange durch Orb (Abb. 72). Auf diesem Foto ist zu sehen, wie ein Orb mehr oder minder von einer Stange durchbohrt wird. Hier können wir eine ziemlich genaue Schätzung der Distanz zwischen Fotograf und Orb vornehmen.

Während des 4. Symposions in Hude, einem jährlichen Treffen von Lichtkugel-Interessierten in Norddeutschland, nahm ich folgendes Foto (Abb. 73) mit einer analogen Kamera auf. Auch hierauf ist eine Lichtkugel zu sehen, die sich hinter Zweigen zeigt. Genau erkennbar ist hier der leichte Ring um die Kugel herum, der so typisch für klassische Lichtkugeln ist.

Das Erscheinen von Lichtkugeln hinter Gegenständen erlaubt uns viele Rückschlüsse, und daher sind solche Fotografien auch sehr wertvoll.

73

Radiästhetische Untersuchungen

Horst Grünfelder ist ein diplomierter Radiästhesist. Für seine Untersuchungen bedient er sich unterschiedlicher Instrumente wie Wünschelrute, Pendel, Lecher-Antenne und so weiter. Ich habe Horst vor Jahren über das deutsche Forum Grenzwissenschaften und Kornkreise (FGK) [8] kennengelernt. Damals beschäftigte sich das Forum hauptsächlich mit dem Thema Kornkreise, heute rücken mehr und mehr andere grenzwissenschaftliche Themen in den Mittelpunkt. Horst ist pensionierter Bauingenieur mit einer positiv kritischen Grundhaltung in Hinblick auf Phänomene. Wenngleich die Radiästhesie nicht auf einem naturwissenschaftlichen Beweis gründet, sind die Ergebnisse, die Horst durch seine Art des Umgangs damit vermittelt, sehr beeindruckend. Gerade seine kritische Grundhaltung macht ihn zu einem sehr wichtigen Forscher auf diesem Gebiet. Hier Auszüge aus einem Bericht von Horst Grünfelder (siehe dazu die Abb. 74 bis 75).

Alle genannten Zahlen sind Einstellwerte in Zentimetern auf der Lecher-Antenne, die von R. Schneider entwickelt wurde. Diese werden durch einen Kurzschlußschieber auf einer Art Lineal eingestellt, und so kann man die Wellenlängen, die empfangen werden, einstellen. Mit einer Lecher-Antenne arbeitet man, ähnlich wie mit einer Wünschelrute, halbphysikalisch. Die zugehörigen Schwingungen sind Werte, die innerhalb der Linien auf den Fotos anhand der Einstellwerte gemessen wurden. Ich habe ihre Zahlenwerte hier nicht eingetragen, allerdings beschrieben, wofür diese Werte stehen. Es ist ein umfangreiches Erfahrungswissen notwendig, um mit den Einstellwerten arbeiten zu können. Die Fotos finde ich aus drei Gründen besonders interessant:

1. *Auf den Bildern sind sowohl Lichtkugeln als auch Lichtnebel und nebelige Lichtschlieren zu sehen.*

2. *Der Boden des Waldes ist erleuchtet, und es dürften vor und hinter den Baumstämmen Naturwesen und dergleichen anzutreffen sein.*

3. *Sie verschafften mir neue und wichtige Erkenntnisse.*

74

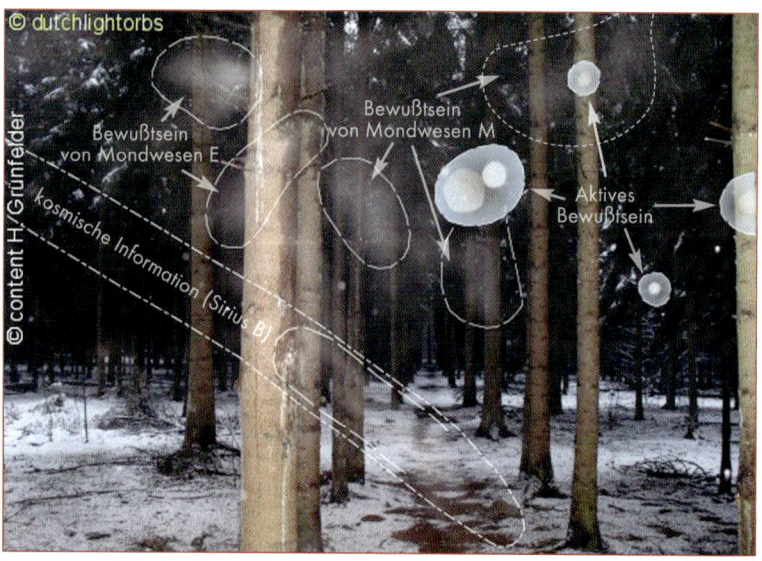

Bewußtsein
von Mondwesen E

Bewußtsein
von Mondwesen M

kosmische Information (Sirius B)

Aktives
Bewußtsein

75

76

Mondwesen M

Mondwesen E

Luftwesen

77

Die Bereiche rund um die Orbs betreffen das übliche aktive Bewußtsein. Die Räume dafür sind nicht sehr groß und spielen nur eine untergeordnete Rolle. Die Nebel darüber sind neu und die wichtigsten Zonen. Hier geht es auch um Bewußtsein, aber das Bewußtsein der Mondwesen auf den folgenden Fotos (Abb. 76 und 77). Aus meinen Vorträgen in Zierenberg* wissen Sie, daß ich zwei Arten von Mondwesen unterscheide: Diejenigen, die sich ständig auf der Erde aufhalten, und diejenigen, die sich sowohl auf der Erde als auch auf dem Mond aufhalten, im Text auf den Fotos »Mondwesen E« und »Mondwesen M« bezeichnet. Die Mondwesen erhalten ihre Informationen aus dem Kosmos, besonders von Sirius.

Die drei Lichtkugeln tanken offenbar gerade auf. Sie tanken bei den Mondwesen auf. In jedem Fall scheinen sie etwas zu sich zu nehmen.

Soviel zu den Erfahrungen von Horst Grünfelder [9].

---

* Der Ort Zierenberg liegt im Naturpark Habichtswald, nordwestlich von Kassel und ist der Treffpunkt der FGK-Mitglieder. (Anm. d. Autors)

Warnende Lichtkugeln

Freunde von uns aus Amerika fuhren einmal während eines heftigen Regenschauers über eine dunkle Straße ohne jede Straßenbeleuchtung. Dieses Ehepaar zog bei solchem Wetter häufig in die Natur, um Lichtkugeln zu fotografieren, da sich Lichtkugeln von Wasser, in diesem Fall von Regen, angezogen fühlen. Wenn man während der Fahrt bei Regen fotografiert, dann sind Streifen von Regentropfen auf den Fotos zu erwarten. Aber neben solchen Streifen hielten sie auch Lichtkugeln in perfekter runder Form fest, die offensichtlich mit ihnen mitreisten.

Aufgrund des schlechten Wetters waren sie an dem See, an dem sie fotografieren wollten, vorbeigefahren. Eine geeignete Wendemöglichkeit auf der engen Straße gab es eigentlich erst sechs Meilen später. Da bewegten sich Lichtkugeln heftig vor dem Auto auf und ab. Wenig später versagten die Scheinwerfer am Auto, und unsere Freunde beschlossen, doch auf der Stelle umzukehren und nach Hause zu fahren. Kaum hatten sie gewendet, gingen die Scheinwerfer wieder.

Es stellte sich später heraus, daß dies an einem Ort geschehen war, an dem in der Vergangenheit häufiger Ufos gesichtet worden waren. Da beide Freunde Radiästhesisten sind, gingen sie dem Geschehen mit der Wünschelrute nach, und sie zeigte »Wasser auf dem Weg« an. Durch den heftigen Regen hatte es eine Überschwemmung gegeben, die einen Teil der Straße schwer beschädigt hatte, wie sich am nächsten Tag erwies. Die Lichtkugeln hatten die beiden offensichtlich gewarnt. Kaum auszudenken, was an dem Abend geschehen wäre, wenn die Lichtkugeln unsere Freunde nicht gewarnt hätten!

Zeigende Möndchen auf dem Landgut Kernhem

Auf dem Gut Kernhem lassen wir unsere Hunde auf immer denselben Waldwegen von der Leine, damit sie sich austoben können. Es sind einfache Spaziergänge, die aber ganz und gar nicht langweilig sind. Am 28. Januar 2004 etwa lief Nel mit den Hunden los und nahm natürlich ihre Kamera mit. Obwohl wir diese Kamera schon seit langem in Gebrauch hatten und damit schon faszinierende Aufnahmen von Lichtkugeln und anderen Manifestationen gemacht hatten, konnte sie an diesem Tag erstmals kleine Möndchen damit festhalten. Zu Beginn des Spaziergangs erschienen sie nicht, erst später tauchten sie auf. Bei der Betrachtung der Fotos bemerkten wir, daß die Öffnung der Mondsicheln, von uns *Münder* genannt, alle in die gleiche Richtung auf ein bestimmtes Gebiet im Wald ausgerichtet waren (Abb. 78)

Von ihrem Wohnwagen aus (unten rechts in der Abbildung) ging Nel über den kurzen Weg A (etwa zwanzig Meter) und ging dann über den Weg B in den Wald hinein, um über den Weg C zum Wohnwagen zurückzukehren. Die Wege B und C sind beide rund einen Kilometer lang. Die Fotos von den Möndchen (Abb. 79 bis 84) wurden während dieses Spaziergangs aufgenommen, hauptsächlich während der Passage auf Weg C. Es »schneit« geradezu Licht. Die Spitzen der Möndchen zeigen allesamt in Richtung des auf der Skizze rot markierten Gebietes, von uns *der Fleck* genannt.

Freunde von uns aus Arkansas, USA, beide sehr erfahrene Radiästhesisten, meinten, daß solche Lichtkugeln (Möndchen) auf negative Energien hinweisen könnten. Was sich als richtig erwies, denn

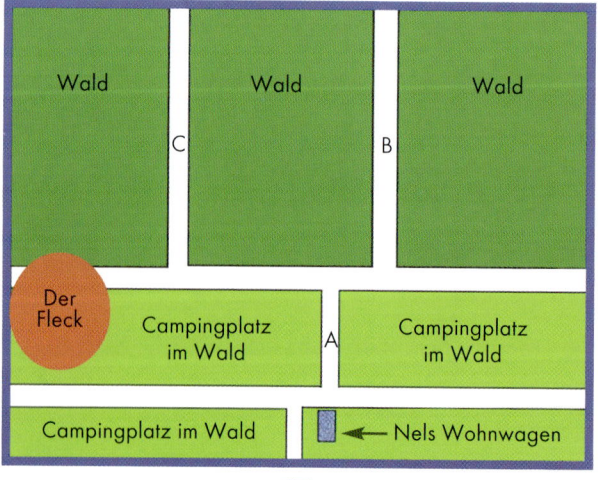

78

79 80 81

82 83 84

es entstand tatsächlich später in genau dem Areal, auf das die Mönd-
chenspitzen zeigten, eine sehr negative Energie. Nie zuvor und übrigens
auch nie danach wurden solche merkwürdigen Aufnahmen von Lichtkugeln gemacht. Dies ist umso merkwürdiger, als Nel und ich die exakt
gleiche Kamera benutzen, und das beide schon seit Jahren. Eine tech-
nische Erklärung für dieses Phänomen gibt es also jedenfalls nicht.

Heilende Lichtkugeln

Neben Warnungen und Hinweisen auf negative Energien in der
Zukunft, die sie offenbar geben, haben Lichtkugeln noch andere Qua-
litäten. Über meine eigene Webseite und als Leiter des »International
Orb-Forums« erreichen mich sehr viele Mails. Sehr häufig bekomme

ich Berichte über Lichtkugeln, die auf die eine oder andere Weise geholfen haben. Ich spreche hier von heilenden Lichtkugeln. Wir können
natürlich von Lichtkugeln nicht erwarten oder gar fordern, daß sie uns
von Krankheiten heilen. Dafür gibt es heute zahlreiche alternative
Therapien.

Sicher können Lichtkugeln auch heilen, dennoch sollten Sie bei
(ernsten) Beschwerden immer einen Arzt aufsuchen. Doch möchte ich
Ihnen das Folgende nicht vorenthalten. Es war im Jahr 2004, als ich das
Foto eines Hundes zugeschickt bekam, der aufgrund eines Hirntumors
wohl nicht mehr lange zu leben hatte. Über dem Kopf des Hundes
schwebte eine Lichtkugel. Ich bekam die Erlaubnis, dieses Bild auf
meine Webseite zu stellen, allerdings wollte der Einsender und Besitzer
des Hundes anonym bleiben. Leider habe ich die Adresse inzwischen
verloren, weshalb ich auch nicht um eine Abdruckerlaubnis für dieses
Buch nachfragen konnte. Doch erscheint mir die Geschichte auch
ohne Belegfoto interessant genug. Ich habe damals mit dem Hunde-
besitzer mehrfach telefoniert und einen intensiven Mail-Wechsel gehabt. Einige Tage nach Aufnahme des Fotos fand eine erneute Unter-
suchung des Hundes durch den Tierarzt statt. Kein Tumor war mehr
zu entdecken, der Hund war kerngesund.

Es ist immer wieder spannend zu beobachten, wie Lichtkugeln sich
zeigen, wie sie sich offensichtlich auf unterschiedliche Weise dienlich
machen und manchmal sogar eine überraschende Rolle spielen.

Vom Schmetterling zur Lichtkugel

Regelmäßig werden Lichtkugeln mit Verstorbenen in Verbindung gebracht. Dies ist sicher auch eine der vielen Facetten des Phänomens. Ich selbst habe allerdings noch keine Lichtkugeln fotografiert, die ich mit den Seelen Verstorbener assoziieren würde.

Lijsbeth Demmer, eine gute Freundin von mir, hat mir sehr ausführlich von ihren Erlebnissen rund um den Tod ihres Vaters erzählt, dessen Seele sich zunächst als Schmetterling, später als Lichtkugel zeigte. Viele Jahre lang verbrachten Lijsbeth und ihre Familie die Ferien an Meer. Und einige Male spielten Schmetterlinge in diesen Ferien eine Rolle, so auch im Jahr 2006, dem Jahr, in dem ihr Vater verstarb.

Lijsbeth wanderte am Strand entlang und fand direkt an der Wasserlinie einen Schmetterling. Seine Flügel waren naß vom Meerwasser, und Lisbeth nahm den Falter auf und setzte ihn auf ihre Hand, damit die Flügel in der Sonne trocknen konnten. Der Schmetterling klammerte sich richtiggehend fest und blieb fast eine halbe Stunde auf Lijsbeths Hand sitzen, während sie ihren Spaziergang am Strand und durch die Dünen fortsetzte. Den Falter schließlich auf einem Busch abzusetzen, war nicht ganz leicht. Er wollte einfach nicht loslassen. Intuitiv wußte Lijsbeth, daß der Schmetterling ihr damit etwas sagen wollte und wartete seitdem auf weitere Zeichen des Himmels.

Einige Tage später wollte sie Brokkoli zu Mittag kochen. In der Verpackung entdeckte sie eine Raupe. Zusammen mit ihrer Tochter und deren Freundin machte sie der Raupe ein schönes Nest in einem Topf. Die Raupe wurde gut versorgt und täglich mit frischen Blättern gefüttert. Einige Tage später war die Raupe »tot«. Nun, sie war nicht tot, sondern sie hatte sich verpuppt. Bis sich aus einer Puppe ein fertiger Schmetterling befreit, dauert es eine ganze Weile, und leider haben Lijsbeth und ihre Tochter den Moment des Schlüpfens verpaßt. Sie halfen Freunden beim Aufräumen des Zeltes, als der Schmetterling sich aus der Puppenhülle befreite und sich in die Lüfte erhob. Das war im August 2006.

Ende September starb Lijsbeths Vater plötzlich und völlig unerwartet. Ganz leise wechselte auch er die Welten. Einen Monat zuvor hatten er und seine Frau noch in dem Zelt kampiert, in dem Lijsbeth im August den frisch geschlüpften Schmetterling gefunden hatte. Als Lijsbeth nun mit ihren Geschwistern für die Trauerfeier zur Kirche kam, flatterten dort einige Schmetterlinge herum. Das fand sie schön und vor allem irgendwie tröstend. Es war ein wunderschöner Spätsommertag, und Lijsbeth sah in den Schmetterlingen Botschafter, die ihr mitteilten, daß alles so gut und richtig sei. Jedenfalls fühlte sie das in ihrem Herzen. Auch die Beerdigung selbst verlief harmonisch und in warmherziger Atmosphäre. Alle waren froh, daß ihr Vater so friedlich gestorben war. Nach der Trauerfeier erzählte ihr eine Nichte, daß die ganze Zeit ein Schmetterling um sie herumgeflattert sei. Kurz darauf, alle standen zusammen und verabschiedeten sich voneinander, wies Lijsbeths Tochter sie darauf hin, daß ein Schmetterling auf ihrer Schulter säße. Dieser blieb die ganze Zeit auf ihr sitzen, während sie sich von den anderen verabschiedete. Als sie zum Auto gingen, saß der Schmetterling noch immer auf ihr, und jemand machte ein Foto davon. Der Falter hatte sicher gut zehn Minuten gesessen und blieb auch im Auto weiter auf ihr sitzen. Im Auto flatterte er dann zunächst auf die Hand von Lijsbeths Bruder und flog dann weiter zu ihrer Tochter. Am Zielort angekommen, ließ er los und flatterte davon.

Einige Wochen später, es regnete und war sehr windig, hatte sich ein Schmetterling an die Scheibe eines Fensters von Lijsbeths Wohnung geklammert. Er flog irgendwann davon, kam aber an den nächsten Tagen immer wieder, bei Wind und Wetter. Einige Zeit später kam er wieder, nun zusammen mit einem zweiten Schmetterling. Ende Oktober des Jahres hatte Lijsbeth einen Text für das Vorwort eines Katalogs zu schreiben. Sie beschloß, über ihren Vater zu schreiben. Doch kaum hatte sie zwei Sätze geschrieben, wurde sie von ihren Gefühlen übermannt. Sie ging hinunter in die Küche, und wieder saß ein Schmetterling am Fenster. Diesmal fotografierte sie ihn. Auf den fertigen Fotos entdeckte sie dann später die Lichtkugeln. So kamen die Lichtkugeln in ihr Leben.

85   86   87

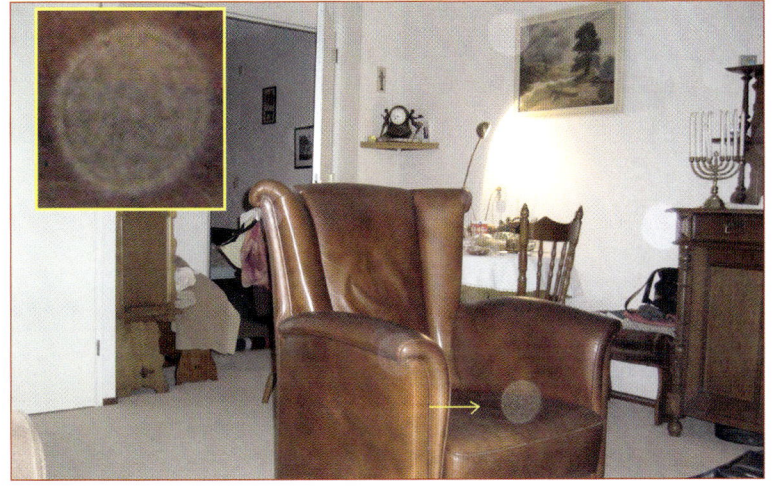

88

Weihnachten des Jahres 2006 verbrachten Lijsbeth und ihre Tochter bei Lijsbeths Mutter. Lijsbeth spürte die Anwesenheit ihres Vaters sehr deutlich. Am nächsten Morgen fühlte sie einen Druck am Fußende ihres Bettes, wovon sie wach wurde. Doch da war nichts! Ihre Tochter erzählte dann beim Frühstück, sie habe das Gefühl gehabt, jemand habe sie in der Nacht noch einmal richtig schön zugedeckt. Beides paßte gut zu ihrem Vater, der sie, Lijsbeth, immer früh geweckt und sich als Opa immer rührend um seine Enkelin gekümmert hatte. *Als ich später die Fotos von seinem Sessel machte, in dem er immer gesessen hatte, sah es auf den Fotos aus, als ob das Zimmer voll von Christbaum-kugeln sei,* erzählte Lijsbeth (Abb. 85-88). Sie stellte telepathisch die Frage: *Papa, wenn du das bist, willst du dich dann nicht auf deinen Sessel setzen?* Und auf dem nächsten Foto saß eine strahlende Lichtkugel auf dem Sessel! Auf dem nächsten Foto taucht die Kugel wieder auf, dies-mal mit einer kleinen Kugel obendrauf. *Hey,* dachte Lijsbeth, *hat er schon wieder ein Kleines auf dem Schoß!*

Experimente in Hude

Wie oben schon gesagt, findet alljährlich im Sommer im norddeutschen Ort Hude ein Symposion statt, welches von dem Ehepaar Anke und Frank Peters organisiert wird, mit dem wir seit vielen Jahren befreundet sind. Das Zusammentreffen mit anderen Lichtkugelfotografen ist stets wieder ein besonderes Erlebnis. Während dieses Symposions werden zahlreiche Experimente rund um die Lichtkugeln durchgeführt, und die Ergebnisse sind immer verblüffend, sowohl hinsichtlich von Fotoaufnahmen als auch hinsichtlich von Tonaufnahmen.

Im Jahre 2008 trafen wir uns zum vierten Mal dort. Das Treffen war diesmal jedoch etwas anders als zuvor. Anke und Frank haben zwar einen riesengroßen Garten, aber ein relativ kleines Haus, was gerade bei schlechtem Wetter dann doch etwas beengt ist. Die meisten Gäste kommen um die Mittagszeit, und gewöhnlich wird dann im Garten gegrillt. Wenn die Dämmerung hereinbricht, zieht die ganze Truppe immer zum Schnitthilgenloh, einem Waldstück am anderen Ende der Straße. Schnitthilgenloh ist ein Teilgebiet des Reiherholzes, welches wiederum in uralten Tagen zum Waldgebiet von Hasbruch gehörte. Im Schnitthilgenloh, einem hochenergetischen Gebiet, wurden bislang die meisten Lichtkugeln fotografiert.

In diesem Jahr hatten sich so viele Teilnehmer angemeldet, daß unser Treffen in einem Saal in der Nähe stattfinden mußte. Zudem hatte die Presse diesmal ausführlich über das Symposion berichtet, was noch mehr Besucher zur Folge hatte. Während des Treffens hielten mehrere Mitglieder Vorträge, darunter Professor Klaus Heinemann aus Sunnyvale, Kalifornien. Mit Klaus bin ich schon seit längerem befreundet. Er hat gemeinsam mit Miceál Ledwith das Buch *The Orbs Project* [10] geschrieben, das in viele Sprachen übersetzt wurde.

Neben zahlreichen Deutschen nahmen auch viele Niederländer und sogar ein Geschäftsmann aus Hongkong teil, der sich auf Geschäftsreise in Frankreich befand und extra den Abstecher nach Hude unternahm. Es war ein wirklich spannendes Symposion. Nach Beendigung der Vorträge verließen wir den Altmoorhauser Krug, in dem das

Treffen stattfand, und zogen zur gemeinsamen Fotosession zum Reiherholz.

An diesem Abend standen Wünschelruten-Experimente auf dem Plan, die von anerkannten und diplomierten Radiästesisten durchgeführt wurden. Diese maßen den Ort mit der stärksten Energie in diesem Wald aus, und dort begannen wir mit unseren Fotoaufnahmen. Der Abend war in mehrere Zeitfenster aufgeteilt, während derer telepathische Experimente mit Unterstützung weltweit mitwirkender Lichtkugelenthusiasten durchgeführt wurden. Parallel dazu vermaßen Wünschelrutengänger die Veränderungen im *Grid*. Als *Grid* bezeichnet man ein weltumspannendes Liniengitter, welches durch menschliche, aber auch durch kosmische Energien beeinflußt werden kann. Die Veränderungen an diesem Abend waren außergewöhnlich und beeindruckend. Wenngleich ich selbst auch Wünschelrutengänger bin und dabei Biotensor und Pendel nutze, so lege ich jedoch bei solchen Experimenten mein Hauptaugenmerk auf das Festhalten von Lichtmanifestationen. Und das war an diesem Abend auch genau richtig!

Ich fotografiere normalerweise gleichzeitig digital und analog. Ich montiere dazu beide Kameras auf eine Metallschiene (*bracket*) auf einem Stativ. Beide Kameras »sehen« dann dasselbe. Sobald ich auf dem Display meiner Digital-Kamera ein Orb sehe, mache ich zeitgleich ein Foto auch mit der analogen Kamera. Beim digitalen Fotografieren liegt der Vorteil darin, daß man sofort ein Resultat sieht. Beim analogen Fotografieren muß dazu erst der Film entwickelt werden. Die Fotos (Abb. 89 bis 96) sind allesamt auf diese Weise mit einer analogen Kamera aufgenommen. Die analoge Kamera braucht nämlich keine Wiederaufladezeit, sondern ist direkt schußbereit. Eine analoge Kamera muß nicht erst irgendwelche Dateien abspeichern, und weil die Fotokapazität kleiner ist, ist auch der Blitz immer aufnahmebereit.

Die Aufnahmen mit der analogen Kamera überraschten mich eigentlich noch mehr als die Aufnahmen, die ich zeitgleich mit der digitalen Kamera machte. Letzteres stellt diejenigen ins Unrecht, die behaupten, Lichtkugeln könne man nur mit digitalen Kameras aufnehmen. Die hier gezeigten Fotos sind alle mit einer analogen Kamera fotografiert worden, nachdem ich die Lichtkugeln gebeten hatte, zu

89

90

91 92 93

94 95 96

erscheinen. Auf den Fotos ist deutlich zu sehen (teils besser in den eingeklinkten vergrößerten Ausschnitten), daß sich die Lichtkugeln hinter beziehungsweise zwischen den Zweigen bewegen. Die Zweige werfen sogar Schatten auf die Orbs. Hieraus und aus anderen ähnlichen Aufnahmen können wir ableiten, daß Orbs eine bestimmte Dichte haben, auch wenn sie noch so klein sind – immer vom Standpunkt unserer dritten Dimension aus betrachtet.

Tips für das Fotografieren von Lichtkugeln

Um Lichtkugeln zu fotografieren, braucht man keine besondere Foto-ausrüstung. Sowohl digitale als auch analoge Kameras können dafür eingesetzt werden. Der Vorteil digitaler Kameras liegt natürlich darin, daß man endlos Aufnahmen machen kann, ohne die Kosten für einen Film und dessen Entwicklung tragen zu müssen. Alle Fotokameras sind für die Aufnahme von Lichtkugeln geeignet, von der simplen Einmal-Kamera bis hin zur professionellen Top-Kamera. Sehr viel wichtiger als die Frage der Kamera ist die der Einstellung des Fotografen und der energetischen Wechselwirkungen zwischen Fotograf, Kamera und dem Lichtphänomen. Ich denke, das bedarf der Erklärung, um so mehr, als ich selbst mit meinem Hintergrund als Berufsfotograf diese Betrachtung als sehr gewöhnungsbedürftig empfand.

Was die Einstellung des Fotografen betrifft, so ist es wichtig, daß sich dieser in seiner Haut wohlfühlt und ganz bei sich ist, also nicht gerade einen Streit hinter sich oder andere Dinge im Kopf hat, die seine Konzentration auf die Orbs ablenken. Eine kurze oder längere Meditation vorher erhöht die Chance erheblich, Lichtkugeln zu fotografieren. Durch Meditation erhöht man seine persönliche Schwingung, seine Frequenz also, und das scheint eine Bedingung zu sein, Lichtkugeln auf Fotos festhalten zu können. Abgesehen von einer zeitlich beschränkten Erhöhung der persönlichen Frequenz durch kurzfristige Meditation, kann sich die Schwingung bei jemandem mit spiritueller Übung sowieso dauerhaft auf einer anderen Frequenz bewegen als bei anderen. Ich persönlich zögere jedoch zu sagen, ob das eine oder das andere besser sei.

Die energetische Wechselwirkung zwischen Fotograf, Kamera und Orbs

Das Orbs-Phänomen erstaunte mich anfangs sehr. Wie sollte ein Foto-apparat durch die Energie des Fotografen und die eines Phänomens beeinflußt werden? Ich konnte das zunächst nicht glauben, aber es ist empirisch erwiesen, daß es offensichtlich doch so ist. Durch die vielen Kontakte, die ich über das »International Orbs-Forum« habe, wurde mir klar, daß es da einen Zusammenhang gibt. Wenn Forums-Mitglieder eine neue Kamera angeschafft hatten, dauerte es eine ganze Weile, bis sie damit Orbs aufnehmen konnten. Nach einiger Zeit zeigten sie sich dann aber auf Bildern, die mit den neuen Kameras fotografiert wurden. Dies betrifft nicht einen Einzelfall, sondern ist ein strukturelles Faktum. Offensichtlich findet eine energetische Wechselwirkung zwischen Fotograf und Kamera statt. Es kann aber auch sein, daß sich die Orbs erst an eine neue Kamera gewöhnen müssen, bevor sie sich wieder zeigen.

Die Lichtkugeln um ihr Erscheinen bitten

Es ist eine gute Sitte, die Lichtkugeln respektvoll zu bitten, auf Fotos zu erscheinen. Das kann laut ausgesprochen werden, aber auch auf telepathische Weise, indem man die Bitte in Gedanken äußert. Die Praxis hat gezeigt, daß die telepatische Kommunikation mit Lichtkugeln hervorragend funktioniert. Man kann sie auch einladen, sich auf eine bestimmte Weise zu zeigen: in unterschiedlichen Formen, Farben oder in einem bestimmten Bewegungsmuster. Wenn man Lichtkugeln auch sehr gut tagsüber ohne Blitzlicht aufnehmen kann, lassen sie sich jedoch durchweg mit einem Blitzlicht besser festhalten. Augenscheinlich nutzen sie die Energie des Blitzes, um sich zu manifestieren. Jede Zeit des Tages ist geeignet, Lichtkugeln aufzunehmen, doch hat sich gezeigt, daß sie sich besonders gerne in der Morgen- und der Abenddämmerung zeigen. Auffällig ist, daß ich in den Phasen um Vollmond herum Lichtkugeln selten oder gar nicht festhalten kann. Dasselbe gilt für viele andere Lichtkugelfotografen weltweit. Anderen hingegen gelingen auch während des Vollmonds Aufnahmen. Bemerkenswert, aber bislang noch nicht erklärbar.

Orbs lassen sich besonders gut an energetischen Kraftorten fotografieren, vor allem auf Ley-Linien und Ley-Knoten (positive energetische Linien und Kreuzpunkte solcher Linien). Alte keltische Kraftorte scheinen von Lichtkugeln bevorzugt besucht zu werden, allerdings liegen diese auch durchweg auf Ley-Linien. Insbesondere uralte Kirchen wurden auf diesen ursprünglich keltischen Kraftorten erbaut. Mit Hilfe von Pendel, Wünschelrute oder Biotensor kann man solche Linien und Orte herausfinden. Sehr sensible Menschen erspüren diese Kraftorte auch ohne Hilfsmittel. In alten Sagen und Legenden, wie etwa die über das Landgut Kernhem, werden immer wieder Lichtkugeln erwähnt. Immer beruhen diese Berichte auf alten Erfahrungen. Ich kann nur empfehlen, an solchen Orten Aufnahmen von Lichtkugeln zu versuchen.

Über meine Webseite erreichen mich natürlich sehr viele Fotos von Orbs. Die Fotos mit den schönsten Orbs darauf sind häufig völlig zufällig entstanden. Meist fehlen aber Aufnahmen von unmittelbar davor oder danach. Auch wenn auf diesen Fotos keine Orbs zu sehen sind, können sie für Vergleiche wichtig sein. Am besten sind Sequenzen von einigen zig Fotos von ein und demselben Objekt, damit gute Vergleichsmöglichkeiten bestehen.

Ich arbeite meist mit einem Stativ und mache dann meist achtzig bis hundert Aufnahmen von ein und demselben Gegenstand. Weil die Kamera ja fixiert ist, nimmt sie immer dasselbe auf. Wenn sich nun auf den Fotos Veränderungen zeigen, kann man daraus entsprechende Rückschlüsse ziehen. Ich erinnere mich an eine Fotosession in Deutschland, wo ich etwa achtzig Aufnahmen von einer Waldwiese machte. Auf den ersten Bildern der Reihe waren keine Lichtkugeln zu sehen. Auf Bild 41 tauchten sie dann plötzlich zu Hunderten auf. Auf späteren Bildern waren es dann nur ein paar, und auf den letzten Aufnahmen waren dann wieder gar keine mehr zu sehen.

Die Fotos in solchen Folgen nehme ich mit kleinen Pausen von wenigen Sekunden auf. Der zeitliche Abstand beträgt genau so lange, wie die digitale Kamera braucht, um die Dateien zu speichern und für die nächste Aufnahme bereit zu sein. Ich empfehle für seriöse Experimente unbedingt ein Stativ zu benutzen und mehrere Aufnahmen in wenigen Sekunden Abstand zu machen. Ebenso empfehle ich, keine Aufnahmen vor Ort zu löschen, sondern sie zu Hause erst auf dem Computer genau zu betrachten. Oft kann man durch die anders einstellbaren Faktoren Vergrößerung, Helligkeit und Kontrast auf dem Computerbildschirm interessante Details entdecken.

Auf jeden Fall sieht man auf dem großen Bildschirm mehr als auf dem kleinen Kameradisplay. Es versteht sich von selbst, daß es am sinnvollsten ist, nur Aufnahmen mit der höchstmöglichen Auflösung der Kamera zu machen und die höchstmögliche Anzahl von Bildpunkten (Pixel) zu wählen. Letzteres ist vor allem für eventuelle spätere Vergrößerungen notwendig. Natürlich sollte auch die Speicherkapazität der Fotodisk ausreichend sein. Sorgen Sie dafür, daß der Monitor Ihres Computers richtig eingestellt ist, was bei den heutigen PCs kein Problem mehr ist. Ich habe allerdings schon erlebt, daß mein Computerbildschirm ein Foto ganz anders darstellte als es auf dem Bildschirm eines anderen Lichtbildfotografen erschien.

Ich habe auch den Anfängerfehler gemacht, Fotos anhand der Bildschirmdarstellung zu bearbeiten, wodurch leider wertvolle Details verlorengingen. Wenn Sie eine ganze Serie von Bildern aufgenommen haben, dann seien Sie zögerlich mit dem Löschen von Aufnahmen, auf denen keine Lichtkugeln zu sehen sind. Für nähere Untersuchungen können gerade diese Aufnahmen nämlich sehr wichtig sein. In meinem oben schon genannten Experiment in Deutschland sind die Aufnahmen kurz vor und nach den Fotos mit Lichtkugeln wichtig. Skeptiker werten das Phänomen gerne als Reflexe von Staubpartikeln, Insekten, Wassertropfen und so fort ab. Ich muß zugeben, daß auch ich anfangs so dachte, bis ich eines Besseren belehrt wurde. Auf einer derart offenen Wiese ist es schlicht unmöglich, daß sich innerhalb von ein paar Sekunden soviel Staub ansammelt, um dann ein paar Sekunden später wieder verschwunden zu sein.

Orbs scheinen Wasser zu lieben. An Teichen und Seen lassen sie sich durchweg gut fotografieren, ebenso bei Regen. Orbs sind aufgrund ihrer Struktur gut von Regentropfen zu unterscheiden. Sie sind immer größer und dunkler. Das widerspricht der Annahme, es handele sich bei den Lichtphänomenen um Reflexe von Regentropfen. Wenn Tropfen größer erscheinen, müßten sie per Definition viel heller sein, da sie ja immerhin mehr Blitzlicht aufgenommen hätten, weil sie sich aufgrund ihrer Größe näher vor der Linse befunden haben.

Abgesehen von den eher technischen Aspekten spielt ein anderer Aspekt beim Fotografieren von Orbs eine wichtige Rolle: das Gefühl.

Neben der Technik selbst und ihrer Beherrschung sollten Sie beim Fotografieren von Lichtkugeln auf Ihre Empfindungen achten. Orbs scheinen auf emotionale Empfindungen zu reagieren und reagieren sogar auf den Gemütszustand des Fotografen. Es ist bekannt, daß Orbs eine Vorliebe für Situationen haben, in denen sich Menschen gut fühlen. Sie tauchen gerne auf Fotos von Familienfesten, Theater- oder Musikveranstaltungen und anderen Situationen auf, in denen Menschen sich wohlfühlen. Und sie verabscheuen Streit. Es ist mehrmals vorgekommen, daß Orbs auftauchten und plötzlich verschwanden, sobald in der Umgebung Disharmonien zwischen Menschen ausbrachen.

Das muß nicht unbedingt unter anwesenden Lichtkugelfotografen gewesen sein. Es reichte auch schon aus, daß unbeteiligte Dritte stritten, sei es auch in räumlicher Entfernung. Freunde aus Arkansas führen in dem Wäldchen, an dem sie wohnen, regelmäßig Freudentänze aus, und in der Folge gelingen ihnen die tollsten Orbs-Fotos. Wenn Sie beispielsweise durch einen Wald wandern und das Gefühl haben, hinter Ihnen sei etwas, dann fürchten Sie sich nicht. Drehen Sie sich um und machen Sie ein Foto! Es wird sich zeigen, daß Sie genau in solchen Momenten die schönsten Aufnahmen des Phänomens machen können. Viele Lichtkugelfotografen spüren schon im Vorfeld, wo sich Lichtkugeln befinden und wie sie sie am besten aufnehmen können. Hilfsmittel wie Wünschelrute, Pendel oder Biotensor können beim Aufspüren von Lichtkugeln hilfreich sein. Und schließlich sollten Sie sich einige Experimente ausdenken.

Kristalle ziehen Lichtkugeln an. Damit wurde weltweit schon experimentiert. Meine Freunde aus Arkansas, das Ehepaar John und Jan (Jan ist in den USA ein Frauenname), haben selbst einen sehr wirksamen Orb-Attraktor entwickelt. Dabei handelt es sich um eine Taschenlampe, auf deren Spiegel ein Kristall montiert ist. Und tatsächlich »fliegen« die Lichtkugeln darauf. Wir haben dieses Gerät hier auch ausprobiert und hatten ebenfalls Erfolg damit.

Falls Sie einmal keine Lichtkugeln auf einem Foto haben möchten, dann sollten Sie sie im Vorfeld telepathisch bitten, nicht zu erscheinen. Auf manchen Aufnahmen können sie ja doch ziemlich störend sein.

Aufnahmen mit der Infrarot-Kamera

Wenn wir auch inzwischen im Zeitalter der Digital-Kameras angekommen sind, empfiehlt es sich, wie oben schon gesagt, parallel auch mit analogen Kameras zu arbeiten. Digitale Kameras sind in der Regel auch infrarotempfindlich. Sie können das testen, indem Sie Ihre Digital-Kamera in Aufnahmebereitschaft versetzen und dann eine Infrarot-Fernbedienung davor halten. Wenn Sie dann irgendeine Taste der Fernbedienung drücken, während Sie diese vor das Kameraobjektiv halten, dann werden die Infrarot-LEDs aufleuchten.

Das ist übrigens zugleich eine einfache Methode herauszufinden, ob die Fernbedienung noch funktioniert. Fotokameras mit normalen analogen Filmen registrieren Infrarot nicht, es sei denn, Sie legen spezielle Infrarot-Filme ein.

Reizvoll zu untersuchen ist die Frage, ob sich die Lichtkugeln vielleicht außerhalb des für uns sichtbaren Lichtspektrums bewegen. Hinweise dafür gibt es sehr wohl. Eine Bekannte von uns kaufte vor einiger Zeit eine Überwachungskamera, um ihre wertvollen Pferde in einem Stall außerhalb des Ortes Tag und Nacht im Auge behalten zu können. Sie probierte das Überwachungsset zunächst zu Hause in ihrer Wohnung aus, und es tauchten Lichtkugeln auf den Aufnahmen auf. Diese Aufnahmen gab sie später an uns weiter. Meine Freundin Nel und ich schafften uns daraufhin ebenfalls jeder eine solche Überwachungskamera an (Abb. 97), und die Ergebnisse der ersten Tests stimmten uns hoffnungsvoll. Ich stellte den Monitor direkt neben meinen PC, weil ich schlicht die meiste Zeit des Tages vor meinem Computer verbringe. Das Aufnahmegerät brachte ich an der gegenüberliegenden Ecke meines Wohnzimmers an. Und tatsächlich waren Lichtkugeln zu sehen.

Unsere Bekannte hatte erzählt, daß sie zuerst Lichtkugeln gesehen hatte, daß diese dann aber später nicht mehr aufgetaucht seien. Nel konnte Ähnliches berichten. Als ich das Überwachungsset erstmals in Betrieb nahm, erschienen Lichtkugeln, und auch bei mir zeigten sie sich nach einer Zeit nicht mehr. Die Enttäuschung war groß. Ich hatte die Kamera am anderen Ende des Zimmers aufgestellt. War es doch

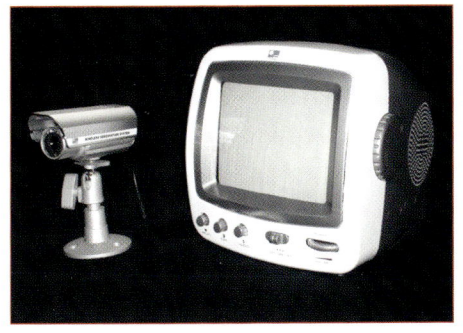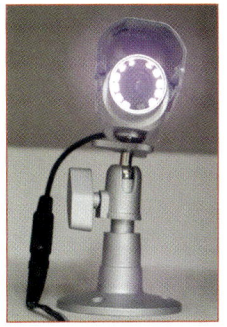

97   98

womöglich nur Staub, der durch unsere Bewegungen im Zimmer auf-gewirbelt wurde und sich dann langsam auf dem Boden absetzte, so-bald wir nicht mehr umhergingen? Unsere Enttäuschung währte jedoch nur kurz. Herumschwirrender Staub würde nie solche Haken schlagen. In den folgenden Tagen stellte ich die Überwachungskamera in mei-nem Schlafzimmer in der oberen Etage meines Hauses auf, wo ich mich tagsüber nie aufhalte. Die Fenster und Türen waren dicht geschlossen, von Luftzirkulation konnte also keine Rede sein. Auch da sausten die Lichtkugeln mit großer Geschwindigkeit hin und her und schlugen wieder wilde Haken und Pirouetten. Also waren es doch Orbs, die sich vor der Infrarot-Kamera zeigten.

Das Set habe ich später einer anderen Lichtkugelfotografin ausge-liehen, die es an einen Videorecorder anschloß. Das Durchsehen der Videoaufnahmen würde eine wirklich zeitraubende Angelegenheit sein. Man muß sich praktisch Bild für Bild ansehen. Das kannte ich schon von analogen (V 8) und digitalen (DVD) Video-Aufnahmen, auf denen wir schon früher Lichtkugeln festgehalten hatten. Diese Frau aber nahm das alles auf sich und erhielt interessante Ergebnisse. Das Set, welches wir verwendeten, sehen Sie auf den Abbildungen 97 und 98.

Die Kamera nimmt zunächst bei normalem Tageslicht auf. Wenn dieses nachläßt, leuchten Infrarot-LEDs rund um die Linse auf, und die Kamera schaltet auf Infrarotaufnahme um. Auf diese Weise kann die Kamera noch Aufnahmen machen, wenn es für das menschliche Auge

99

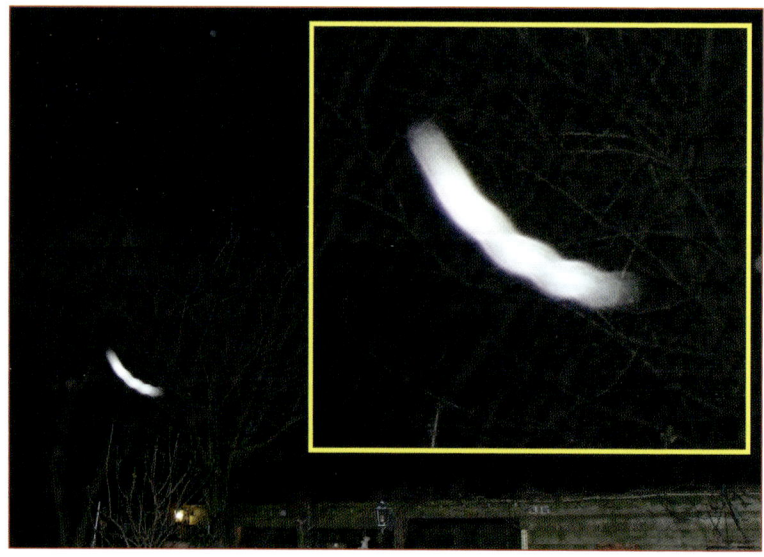

100

bereits stockdunkel ist. Die Fotografin, die mit diesem Überwachungs-set experimentierte, hatte übrigens einen Hund, der augenscheinlich die Lichtkugel auch wahrnahm. Eine durchaus bekannte Tatsache, über die schon häufiger berichtet wurde.

Wir selbst haben damit auch einige Erfahrungen. Einer unserer bei-den Hunde konnte offenbar auch Lichtkugeln wahrnehmen. Nicht nur das, er konnte auch andere Lichtwesen (zum Beispiel aufgestiegene Meister) sehen. Wir haben dies oft erleben dürfen. Manchmal weigert sich diese Hündin, im Wald spazierenzugehen, bleibt dann einfach am Waldrand sitzen und bewegt sich keinen Zentimeter weiter. Oder sie macht einfach kehrt und läuft schnurstracks zum Haus zurück. Das alles während ihre Tochter ganz normal mit uns weitergeht.

Jan erscheint

Als ich mit dem Schreiben dieses Buches fast fertig war, starb unsere Freundin Jan. Sie hatte zusammen mit ihrem Mann John das »International Orbs-Forum« gegründet und zunächst auch geleitet und moderiert. Im Laufe der Jahre hatte Jan unendliche Mengen an Informationen über Orbs gesammelt und über das Forum weitergegeben. Das Lichtphänomen lag ihr wirklich sehr am Herzen. Wie beliebt Jan bei den Forumsmitgliedern war, zeigte sich an den Unmengen an Beileids- und Trostmails, die einliefen, nachdem John über Jans Tod informiert hatte.

Wenn sich die Seele eines Verstorbenen als Lichtkugel auf einem Foto zeigen würde, dann sicher die Seele der von allen so geschätzten Jan. Viele Forumsmitglieder haben versucht, Jan als Lichtkugel festzuhalten, und es ist ihnen auch gelungen. Grace beispielsweise, eine Niederländerin, schoß bezaubernde Fotos von Jan, die ihr als goldene Kugel und als Schleier erschien (Abb. 99 bis 100). Sie mailte mir sofort beide Fotos zu, schließlich war Jan darauf zu sehen. Grace und ich haben das auch noch einmal ausgependelt. Jan hatte immer gesagt, wir sollten auf eine helle Kugel achten. Durch die Schleierform wollte Jan uns meiner Meinung nach mitteilen, daß sich die Lichtmanifestationen durch die unterschiedlichen Dimensionen bewegen können.

Abgesehen davon, daß Jan eine leidenschaftliche Lichtkugelfotografin war, verhalf sie auch immer wieder herumirrenden Seelen zum Licht. Ihr Wissen über die anderen Dimensionen hat zweifelsohne dazu beigetragen, daß sie sich schon ein paar Tage nach ihrem Tod als Lichtphänomen zeigte. Normalerweise dauert es eine ganze Weile, bis sich Seelen manifestieren. Offensichtlich brauchte Jan keine Eingewöhnungszeit in ihrer neuen Heimat im Jenseits.

Fotos von nebelartigen Lichterscheinungen

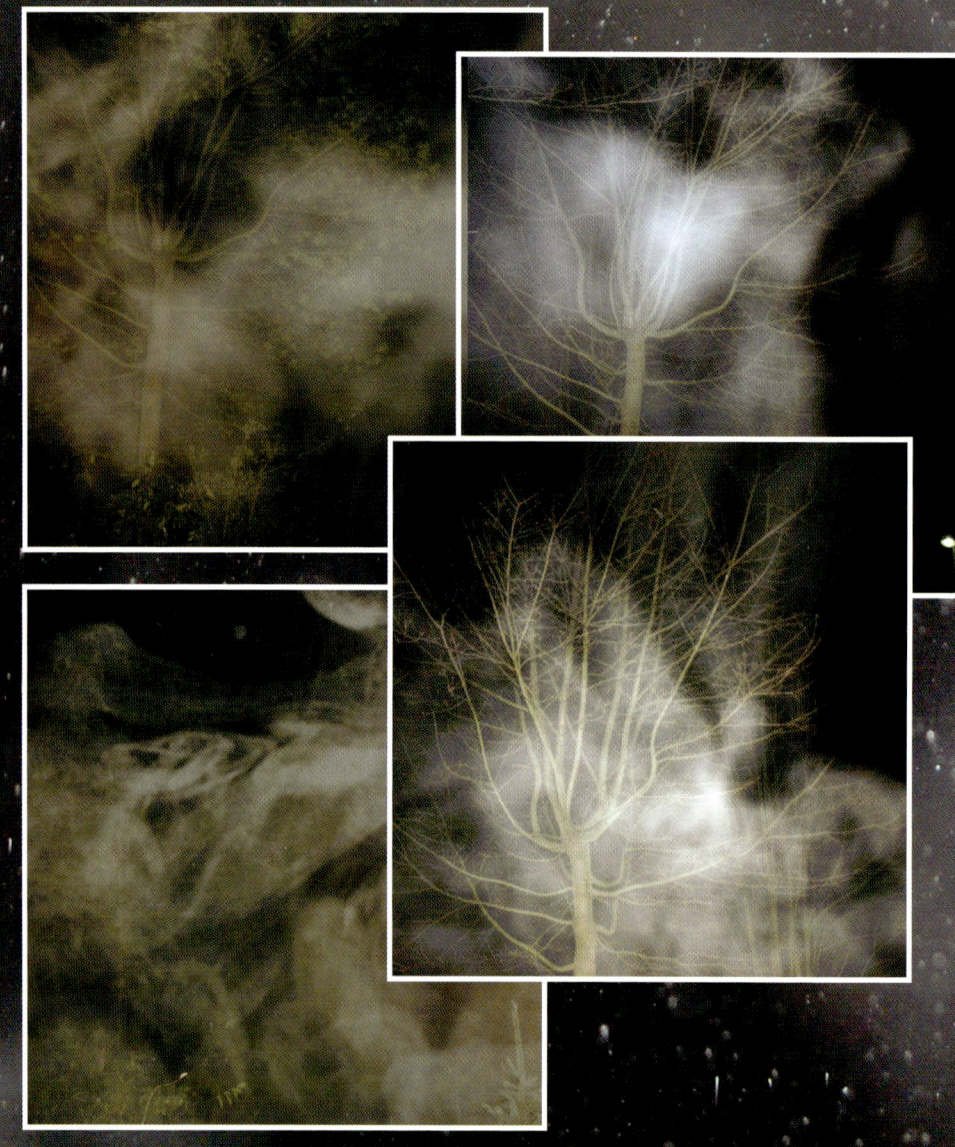

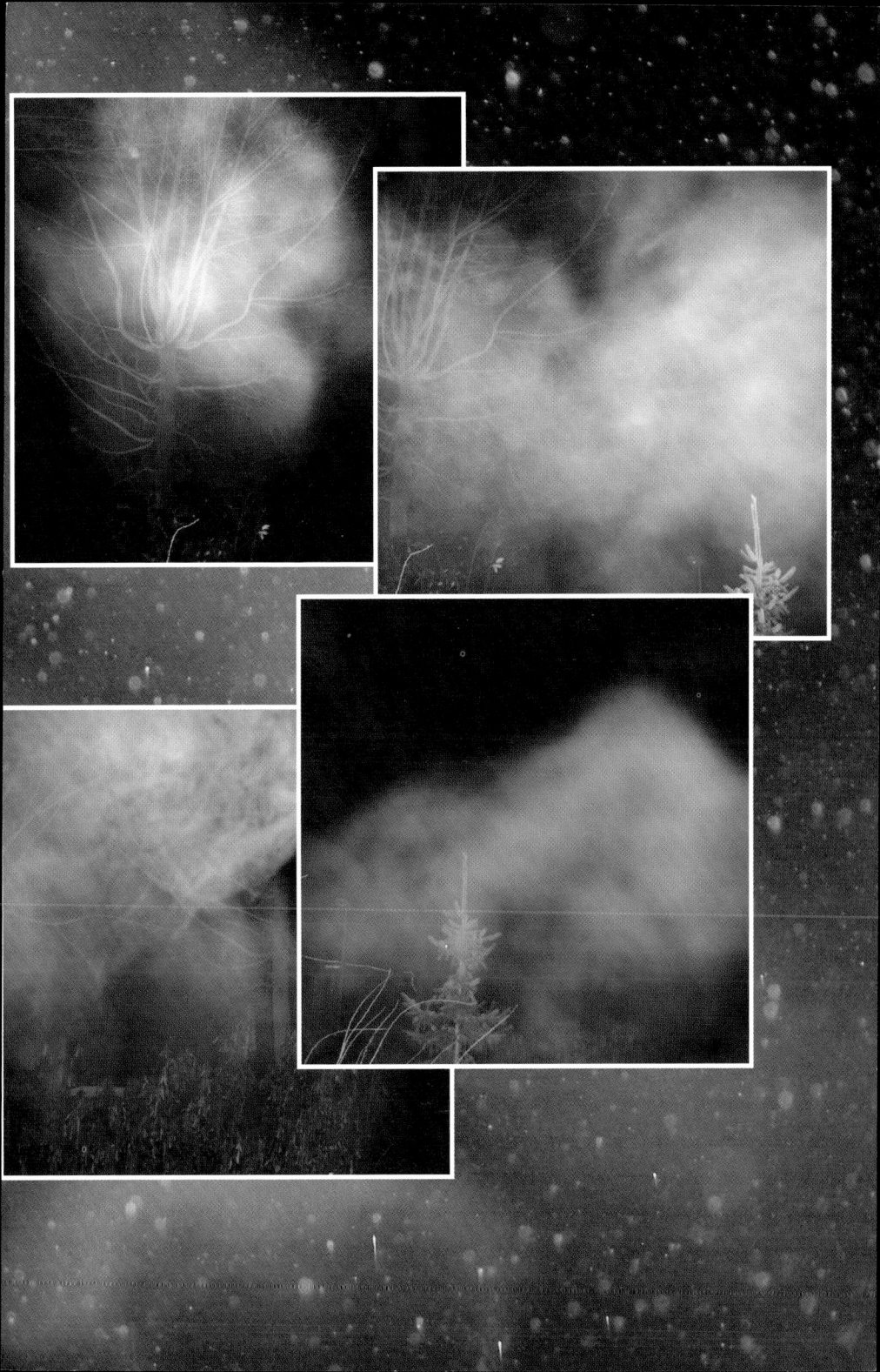

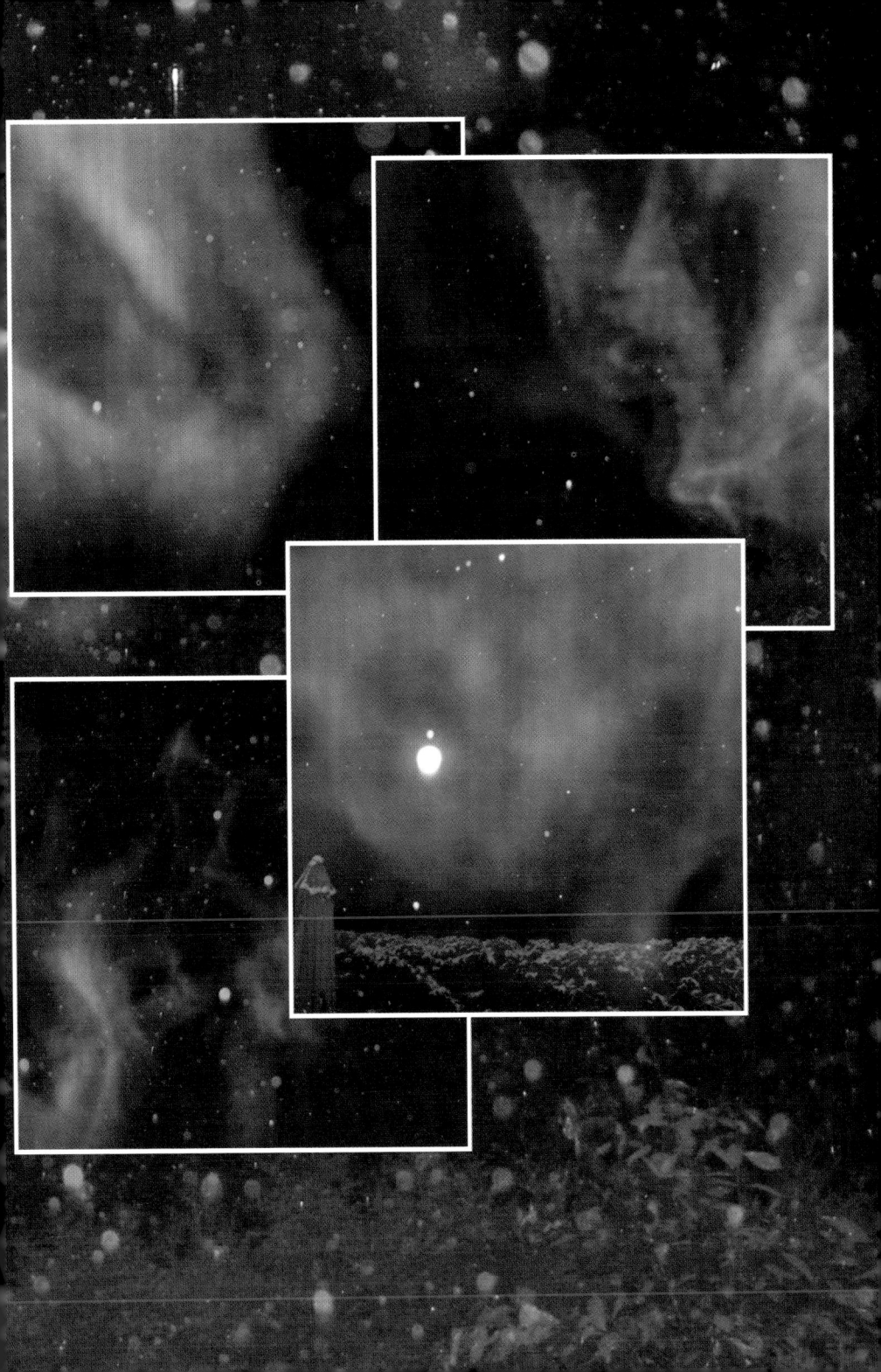

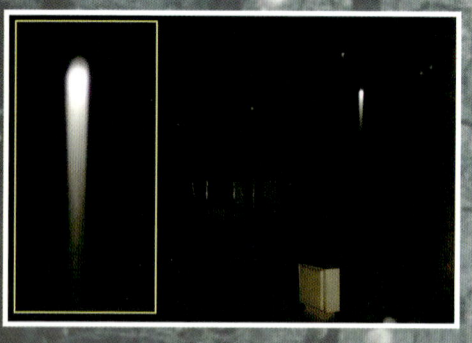

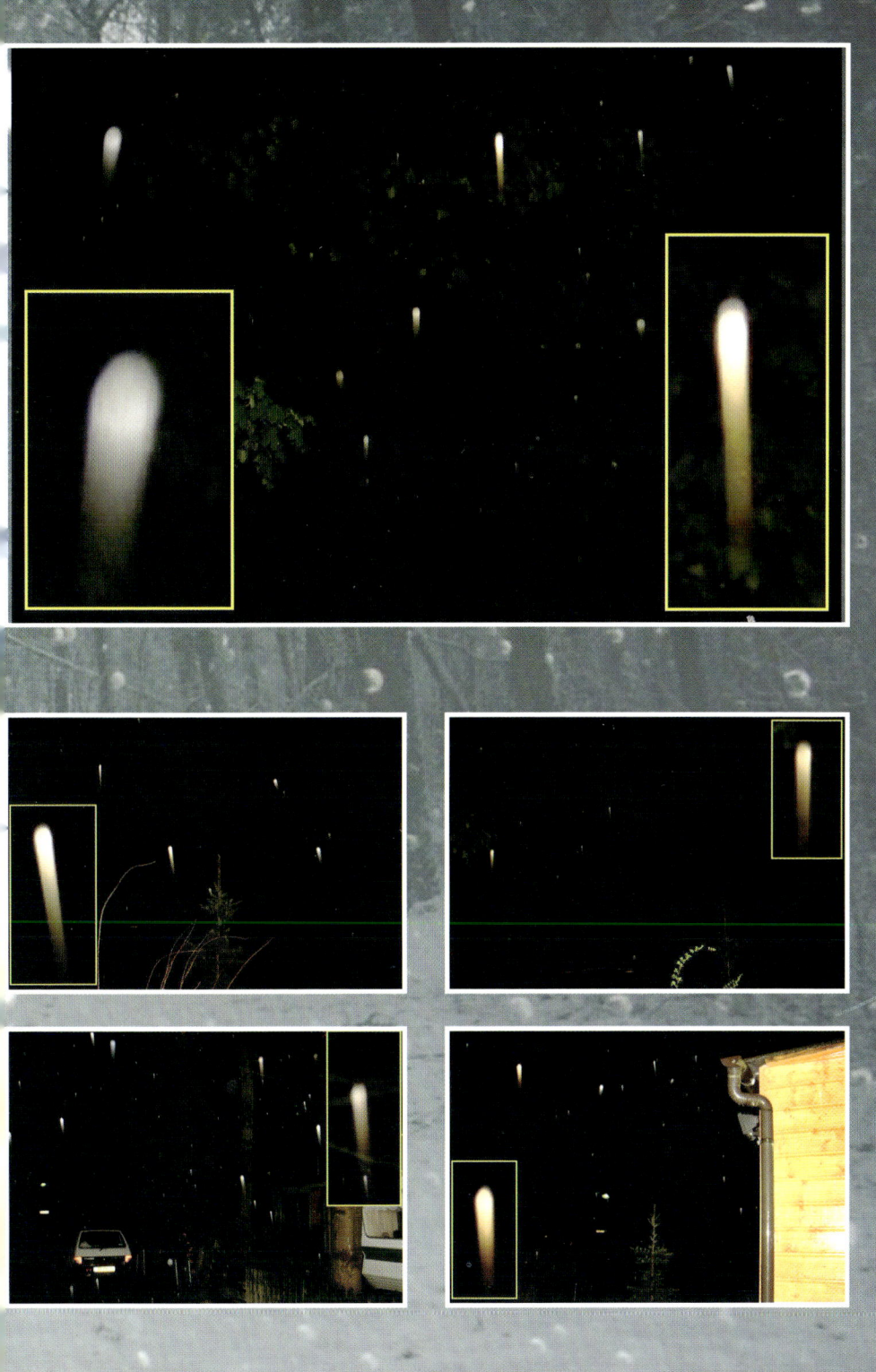

Fotos von Lichtkugeln

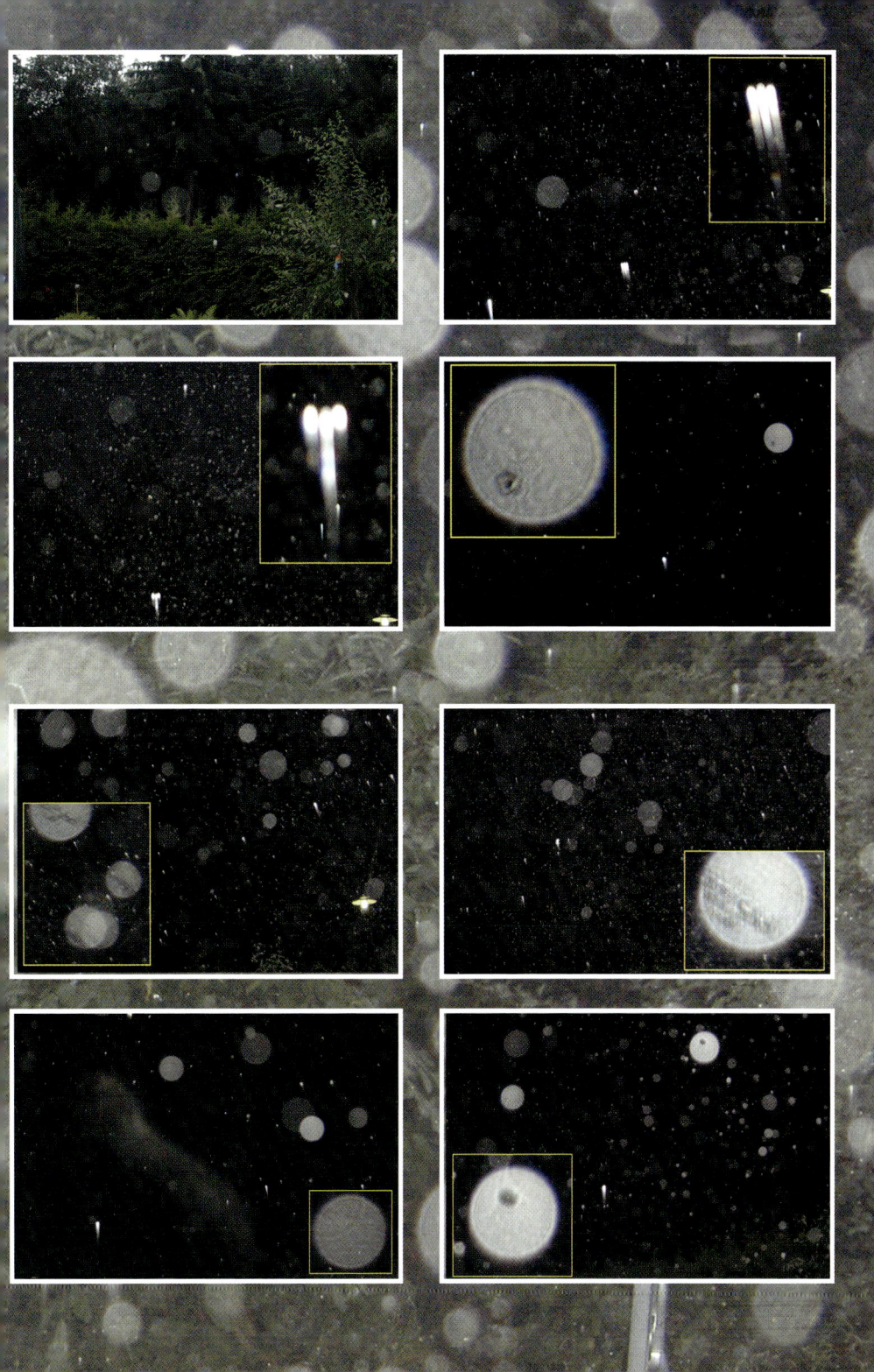

Fotos von Lichtphänomenen

Fotografiert von
Annette van Wijngaard

Fotos von Lichtphänomenen

Fotografiert von
Hannie Klijn Nagelvoort

Dank

Das Schreiben eines Dankwortes ist eigentlich immer etwas schwierig, schließlich will man niemanden vergessen. Ich möchte dies natürlich auch nicht, kann aber unmöglich alle aufzählen, die mir im Laufe der Jahre Fotos, Briefe, Mails und so weiter geschickt haben. Einigen Menschen möchte ich aber besonders danken, da sie mich auch auf besondere Weise unterstützt haben und auf meiner Entdeckungsreise zum Lichtphänomen von großer Wichtigkeit für mich waren und es noch immer sind.

Zu allererst bedanke ich mich bei meiner Freundin Nel de Boer. Ohne sie wäre ich vielleicht nie oder erst viel später auf die Spur dieses äußerst interessanten Phänomens gekommen. Die Anregungen, die sie mir beim Schreiben dieses Buches gab, schätze ich sehr. Nel gab Tips, korrigierte und wies mich auf bestimmte Dinge hin, die ich den Lesern nicht vorenthalten sollte. Viele der Lichtkugel-Shootings machten wir zusammen, vor allem auf dem Gut Kernhem. Manchmal waren wir mehrmals an einem Abend gemeinsam »auf der Pirsch«.

Mein Dank gilt auch Annette van der Wijngaard, mit der ich ebenfalls mehrere Lichtkugelexkursionen unternahm.

Ich danke auch den Mitgliedern des »International Orb-Forums« für ihre Beiträge, Diskussionen und Erkenntnisse.

Einer der Gründer dieser Gruppe, Jan Young, starb leider noch vor Erscheinen dieses Buches. *Jan, du wirst dieses Buch nicht mehr lesen können, aber ich möchte dir für die vielen Informationen danken, die ich von dir und John erhalten durfte. Vergangenen Sonntag bist du gestorben, vier Tage bevor ich das hier niederschreibe. Du und John wart immer die Botschafter des Lichts.*

Albert van der Linden danke ich für die Fotos der durch eine Lichtkugel geretteten Kuh.

Lijsbeth Demmer danke ich für ihre Geschichte über die Schmetterlinge und Lichtkugeln zur Zeit des Todes ihres Vaters.

Horst Grünfelder danke ich für sein Engagement für das Lichtphänomen. Dieser ehemalige Bauingenieur ist ein hochbegabter und diplomierter Wünschelrutengänger. Seine Beiträge schätze ich sehr hoch.

Natürlich danke ich allen meinen Freunden, die ich in Deutschland beim Forum Grenzwissenschaften und Kornkreise (www.fgk.org) kennenlernen durfte, für ihre Beiträge und ihr Engagement.

Und zum Schluß danke ich den Orbs und anderen multidimensionalen Bewußtseinsformen, die sich als Lichtmanifestationen gezeigt haben und sich auf Fotos festhalten ließen. Ohne diese sich manifestierenden Bewußtseinsformen hätte dieses Buch nie entstehen können.

Ed Vos

www.edvos.nl, www.dutchlightorbs.nl

Abbildungsnachweis

Die meisten der Fotos und Abbildungen, die in diesem Buch abgedruckt sind, wurden vom Autor selbst oder seiner Freundin Nel de Boer aufgenommen. Beide haben sich damals dafür entschieden, die Bilder unter einem gemeinschaftlichen Copyright zu publizieren [© Dutch Light Orbs].

Im Folgenden finden Sie eine Übersicht der Fotos, die von Dritten stammen:

Abb. 17: Bovelander
Abb. 31 bis 34: Ilse Jenkins
Abb. 39 bis 52: Albert van der Linden
Abb. 57: Marco Pogačnik
Abb. 72: Jan und John Young
Abb. 74 bis 77: © Dutch Light Orbs, bearbeitet von Horst Grünfelder
Abb. 85 bis 88: Lijsbeth Demmer
Abb. 99 bis 100: Cojalabs

Fotos von Lichtphänomenen: Annette van de Wijngaard und Hannie Klijn Nagelvoort.

Anmerkungen

[1] Die Veluwe ist mit rund 1100 m² das größte zusammenhängende Waldgebiet der Niederlande. Sie liegt in der Provinz Gelderland im Südosten der Niederlande etwa zwischen den Städten Apeldoorn, Ede und Arnhem. Im Nationalpark Hoge Veluwe liegt beispielsweise das berühmte Rijksmuseum Kröller Müller (Anm. d. Ü.).

[2] Horst Grünfelder: *Lichtobjekte als sphärische Flächen.* Sie können diesen Text auf der Internetseite des Forums Grenzwissenschaften und Kornkreise (FGK) nachlesen: www.fgk.org/?p=2209

[3] Marko Pogačnik: *Elementarwesen. Die Gefühlsebene der Erde*, München 1995, Doemersche Verlaganstalt Th. Knaur Nachf.

[4] Willy Vandersteen: *Suske en Wiske - Het Witte wief*, Album 227 – flämische Comic-Serie, die zum Teil auch in deutscher Sprache erschienen sind. Siehe den entsprechenden Artikel unter www.wikipedia.org.

[5] Die Tingsha (tib. *ting shag*) ist eine tibetische Handzimbel. Sie besteht aus zwei Metallbecken, die mit einem Band miteinander verbunden sind. Die Becken werden entweder im rechten Winkel zueinander oder waagrecht aneinander geschlagen. Dabei entsteht ein heller durchdringender Klang. Im Westen sind Tingshas neben tibetischen Klangschalen die bekanntesten Musikinstrumente Tibets und sind in diversen Asia- oder Esoterik-Shops erhältlich. Quelle: Wikipedia

[6] Der Photonengürtel besteht aus reinem Licht - dem Licht der Liebe und der Urquelle, auf das sich unser aller Bewußtsein in den nächsten Jahren ausrichten muß und wird. Der Planet Erde durchwandert dieses Licht in etwa alle 11.000 Jahre. Dieser Zyklus des Durchschreitens dauert 2000 Jahre. Das Erreichen des Photonenrings ist für den Dezember 2012 vorausgesagt. Doch weiß niemand genau, wann der Tag X sein wird. Der Eintritt in den Photonengürtel, dessen Auswirkungen wir bereits jetzt spüren, transformiert das Bewußtsein jedes lebenden Wesens auf der Erde. Im kommenden Übergang wird nicht nur die Zivilisation aufsteigen, sondern der Planet Erde selbst erreicht das Bewußtsein über die vierte in die fünfte Dimension. Quelle: www.merkaba.omkara.de (Anm. d. Ü.).

[7]   Erstmals erschienen 1951 im Verlag Rascher, Zürich. Nach meh-
      reren Auflagen u. a. im Bauer Verlag, Freiburg, zuletzt als Taschen-
      buch im Bastei-Lübbe Verlag, München (3./1986) veröffentlicht.
      Nur noch antiquarisch erhältlich.

[8]   Forum Grenzwissenschaften und Kornkreise: www.fgk.org

[9]   Die Texte seiner Vorträge etc. finden Sie auf der Homepage des
      Forums Grenzwissenschaften und Kornkreise unter www.fgk.org
      (Anm. d. Ü.)

[10] dt.: Klaus Heinemann/Miceál Ledwith: *Das Orb Projekt*. Auf der
      Suche nach Energiephänomenen mit Digitalfotografie. München
      (Goldmann Arkana) 2008

AUSSERDEM IN UNSEREM PROGRAMM

Wer sich schon einmal hat öffnen können für die subtilen Botschaften aus dem Reich der Naturwesen, der weiß, daß sie genau so sprechen, wie in diesem Buch von Weneja Turan. Begleitet von Naturfotos, die in der Spiegelung Verborgenes sichtbar machen, finden die Leser hier klare, liebevolle Botschaften und Offenbarungen der Naturdevas.

Weneja Turan
Die Rückkehr der Naturdevas
Gebunden, 48 Seiten
ISB 978-3-89060-273-8

Devas sind gleichsam Bewußtseinsformen, Wesenheiten, die in der Natur wohnen und alles Lebendige, wie Pflanzen und Landschaften, gestalten. Weneja Turan kann sie nicht nur erfühlen, sondern sichtbar machen. Beim Fotografieren läßt sie sich führen, und die scheinbar simple Methode der Spiegelung bringt verborgene, wunderbare Schönheit zum Vorschein.

Weneja Turan
Die Botschaft der Naturdevas
Klappenbroschur, 17 x 24 cm, 128 Seiten,
durchgehend großformatige farbige Fotos
ISBN 978-3-89060-543-2

Nachdem die Vorstellung, daß in der Natur unsichtbare Intelligenzen am Wirken sind, nicht mehr ganz so absonderlich erscheint, wie noch vor Jahren, ist jetzt die Zeit gekommen für dieses Buch, in dem uns einer vom elbischen Volk der Leprechauns erzählt, wie wichtig die Zusammenarbeit der Menschen mit den Naturgeistern ist. Leicht lesbar und auf unterhaltsame Weise bringt uns die Autorin Tanis Helliwell die Welt der Elfen, Devas und Elementale näher – und selbst Skeptiker werden ihr Vergnügen haben und ins Nachdenken kommen.

Tanis Helliwell
Elfensommer
Meine Begegnung mit den Naturgeistern
Paperback, 224 Seiten
ISBN 978-3-89060-318-6

Das langerwartete zweite Buch von Tanis Helliwell, in dem sich die Naturgeister zeigen - wenn auch in einer für uns Menschen nicht immer sehr angenehmen Weise. Auf dieser Tour durch Irland stoßen die Leprechauns Tanis und ihre Gruppe mit ihrem Witz auf deren »blinde Flecken« und bringen sie immer wieder in das »Jetzt« – auch wenn nicht alle Reisenden das als besonders witzig empfinden. Doch letzten Endes ist es eine sehr lehrreiche Pilgerfahrt, auf der sich die große Weisheit der unsichtbaren Reisebegleiter offenbart. Wir Leser, vom Schalk der Naturgeister nicht betroffen, können uns bei der Lektüre bestens amüsieren – und dabei noch etwas dazulernen.

Tanis Helliwell
Elfenreise
Eine mystische Irlandfahrt mi den Naturgeistern
Paperback, 208 Seiten
ISBN 978-3-89060-323-0

Auch wenn es uns nicht bewußt ist: Wir leben alle im Reich der Elementarwesen. Immer und überall durchdringen sie unsere Seele. Die ganze Welt um uns herum ist von Elementarwesen durchseelt. An allem, was in der Natur geschieht, sind Elementarwesen beteiligt. – Auch unsere Innenwelt, die Welt unserer Gefühle und Gedanken, besteht aus Elementarwesen. In fast allen Lebenslagen haben wir es mit Elementarwesen zu tun.

Die Elementarwesen der Natur warten sehnlichst darauf, von uns Menschen bewusst ergriffen zu werden. Ihre zukünftige Existenz ist von uns abhängig. Es geht um die Rettung der Elementarwesen.

Thomas Mayer
Rettet die Elementarwesen
Paperback, 192 Seiten
ISBN 978-3-89060-517-3

Im vorchristlichen Europa wie in allen anderen Teilen der Welt wurde die ganze Erde als ein atmendes Wesen gesehen, erfüllt von sichtbaren und unsichtbaren Lebensformen. Bäume waren in dieser heiligen Landschaft hochangesehene Pforten der Einweihung. Die Kraft und Energie heiliger Haine und einzelstehender alter Bäume half den Kelten, Germanen, Römern und Griechen, aber auch schon den Menschen der Bronzezeit und der Jüngeren Steinzeit, die Grenzen ihres Bewußtseins zu erweitern und Kontakt mit dem Unsichtbaren aufzunehmen.

Fred Hageneder
Der Geist der Bäume
Eine ganzheitliche Sicht ihres unerkannten Wesens
Gebunden mit Schutzumschlag, 416 Seiten, 17 x 24 cm,
reich illustriert, viele Farbabbildungen
ISBN 978-3-89060-472-5

Es gibt zwei Arten von Engeln: solche mit Flügeln und solche mit Blättern. Der jahrtausendealte Weg, Rat zu finden oder der Natur Dank zu sagen, führt in den heiligen Hain. Da heilige Haine jedoch – mit Verlaub gesagt – selten geworden sind und selbst ehrwürdige einzelne Bäume in friedvoller Umgebung nicht immer schnell zu finden sind, wenn wir sie bräuchten, bieten wir hiermit ein Baumorakel an, das uns den Engeln der Bäume wieder näherbringen kann.

Fred Hageneder, Anne Heng
Das Baum-Engel-Orakel
Paperback, 112 Seiten,
36 farbige Karten, 95 x 133 mm
ISBN 978-3-89060-076-5

Südlich des Pfälzer Waldes liegt ein vergessenes Kleinod voller verborgener Zeugnisse aus keltischer Zeit. Roland Kroell hat diese Gegend erwandert und zeigt uns die Wege zu magischen und mythischen Orten, die darauf warten, von respektvollen und offen lauschenden und empfindsamen Menschen wieder entdeckt zu werden.

Nicht weit von den Ballungszentren Rhein/Main und Rhein/Neckar liegt südlich des Pfälzerwaldes vergessen und verträumt der Naturpark Nordvogesen. In dieser wildromantischen Landschaft, mit hohen Sandsteinfelsen, lieblichen Bachläufen und viel, viel Wald, kommen Naturliebhaber voll auf ihre Kosten. Geprägt ist das Land aber auch von den Menschen und ihrer Geschichte: Es ist uraltes Siedlungsgebiet der Kelten und war zur Römerzeit ihr Rückzugsgebiet. Roland Kröll nimmt Sie in diesem Buch mit zu ausgewählten magischen Plätzen und lädt Sie ein, sie selbst zu besuchen.

Roland Kroell
Magische Nordvogesen
Wanderungen durch altes Keltenland
Paperback, 176 Seiten
ISBN 978-3-89060-228-8

Bücher von NEUE ERDE im Buchhandel

Im deutschen Buchhandel gibt es mancherorts Lieferschwierigkeiten bei den Büchern von NEUE ERDE. Dann wird Ihnen gesagt, dieses oder jenes Buch sei vergriffen. Oft ist das gar nicht der Fall, sondern in der Buchhandlung wird nur im Katalog des Großhändlers nachgeschaut. Der führt aber allenfalls 50% aller lieferbaren Bücher. Deshalb: Lassen Sie immer im VLB (Verzeichnis lieferbarer Bücher) nachsehen, im Internet unter **www.buchhandel.de**

Alle lieferbaren Titel des Verlags sind für den Buchhandel verfügbar.

Sie finden unsere Bücher in Ihrer Buchhandlung oder im Internet unter **www.neue-erde.de**

Bücher suchen unter: **www.buchhandel.de**. (Hier finden Sie alle lieferbaren Bücher und eine Bestellmöglichkeit über eine Buchhandlung Ihrer Wahl.)

Bitte fordern Sie unser Gesamtverzeichnis an unter

NEUE ERDE GmbH
Cecilienstr. 29 · D-66111 Saarbrücken
Fax: 0681 390 41 02 · info@neue-erde.de